Für Liliane,
die so gerne Marzipan isst!

Anregungen für dieses Buch waren eine eindrucksvolle Marzipanausstellung im Lübecker St. Annenmuseum, die kulturgeschichtliche Abhandlung von Frau Professor Dr. Christa Pieske, „Marzipan aus Lübeck“, Lübeck 1997, sowie ein informatives Gespräch mit ihr, für das ich danke!

Vollständig überarbeitete Miniausgabe des ebenfalls im Verlag W. Hölker erschienenen Titels „Marzipan. Köstliches Haremskonfekt“

5 4 3 2 1
ISBN 3-88117-654-3
Gestaltung: Heike Herold, Niels Bonnemeier
Redaktion: Christiane Leesker,
Monika Römer, Gabriele Heßmann

Printed in Italy

Antje Erdmann-Degenhardt

Das kleine Marzipan Buch

Köstliches
Haremskonfekt

Hölker Verlag

Inhalt

Falls bei Backrezepten nichts anderes angegeben ist, wird die mittlere Schiene benutzt.

Vorwort

Zugegeben, es macht nicht gerade schlank, dieses Konfekt aus Mandelmus, Puderzucker, Rosenwasser und – so man mag – aromatischen orientalischen Gewürzen. Doch es schmeckt köstlich! Wenn man in der Vorweihnachtszeit beim „Marzipan-Zaren" Niederegger im schleswig-holsteinischen Lübeck die langen Schlangen von Kunden sieht, die ohne Ansehung des Preises die handbemalten, glasierten und schokoladenüberzogenen Herrlichkeiten kaufen, dann bekommt man einen kleinen Eindruck von der Beliebtheit dieser süßen Masse. Und so wollen wir es uns gelegentlich gönnen, auch wenn wir uns danach kasteien müssen! Marzipan ist, in Mengen genossen, eine Attacke auf Magen und Hüften. Denn es hat gewöhnlich einen Mandelölanteil von 31 Prozent, der zumeist mit einem gleich hohen Zuckergehalt einhergeht. Doch wir wollen uns schließlich nicht daran satt essen! Wir möchten es maßvoll genießen! Dazu bieten sich nicht nur Unmengen von fertig fabrizierten Marzipanbroten, -kartoffeln, -herzen, -schweinchen an, denn aus Marzipan lässt sich schier alles formen! Nein, mit dem so genannten Rohmarzipan oder gar mit der selbst gefertigten süßen Masse hat man ein Medium, das nicht nur der Weihnachtsbäckerei zur richtigen Würze verhilft.

Im mütterlichen Haushalt der ostpreußischen Schriftstellerin Agnes Harder (1864–1939) dekorierte man das Marzipan mit all den Früchten, die im Sommer und Herbst den Weg in die Kruken und Gläser der Vorratskammer gefunden hatten: Kirschen, Hagebutten, Birnen, Pflaumen und Reineclauden. Die Früchte wurden in kleine Stücke geschnitten und zu Mustern gelegt. Jede Hausfrau hatte den Ehrgeiz, besonders schön dekoriertes Marzipan herzustellen. Vor allem die Vorweihnachtszeit war für das Kind Agnes von Marzipangenüssen geprägt: „Es gab in dem kleinen Städtchen eine Konditorei, die um die Weihnachtszeit eine Marzipanausstellung zeigte, die mit einer Verlosung verbunden war. Mit klopfendem Herzen besuchten wir sie. Da lagen weiße Schäfchen auf grünem Rasen, gebratene Gänse mit Messer und Gabel in kleiner Schüssel, Wickelkinder – und vor allem der Dukatenmacher, ein mit unendlichem Jubel begrüßtes und am Fest nie fehlendes Stück. Glück bei der Verlosung hatten wir nie."
Auch ich kann mich noch an eine solche vorweihnachtliche Ausstellung in meinem holsteinischen Heimatort Neumünster erinnern. Kurz nach dem Zweiten Weltkrieg bestaunten insbesondere wir ewig hungrigen Kinder die große Marzipanausstellung eines Bäckers, an dessen Laden unser Schulweg vorbeiführte. Unzählige Früchte und Tiere hatte er aus Marzipan geformt und mit zarten Farben bemalt. Die Krönung war ein Schweinskopf aus Marzipan, von dem die Hausfrauen pfundweise Stücke kauften. Doch meine Mutter konnte das nicht bezahlen. Wir beschränkten uns auf die ausgestochenen hellen Plätzchen, die Oma und Opa

jedes Jahr pünktlich zum Fest schickten und die mit einem herrlichen dicken Zuckerguss versehen und mit bunten „Liebesperlen“ bestreut waren.
Marzipan, mit seinem Grundstoff aus süßen, saftigen weißen Mandeln, ist eine ideale Basis auch zur Herstellung von Nachspeisen, Gebäckstücken und Torten. Die Krönung hierbei ist unstreitig eine mehrstöckige Hochzeitstorte mit handgedrehten Rosen aus Marzipan, die prunkvolle Meisterleistung eines jeden Konditormeisters.

Frisch muss es sein, das gekaufte oder das selbst gefertigte Marzipan! Dasselbe gilt für all die köstlichen Nachtische sowie die Fülle der Back- und Konfektwaren, in denen Marzipan verarbeitet wird. Hierbei nehme man immer beste Marzipanrohmasse und achte auf den Mandelgehalt (42–48 %) sowie das Abpackdatum. Denn es kann nur Gutes herauskommen, wo man auch Gutes hineinsteckt! Bestelladressen für hochwertiges Marzipan und Marzipanrohmasse finden Sie am Ende dieses Buches, auf S. 83. In diesem Sinne darf ich Ihnen viel Spaß wünschen – sowohl beim Kaufen und Zubereiten wie auch beim Genießen!

Ihre

„Und sieht man sich diese Süßigkeit
genauer an, diese Mischung aus
Mandeln und Rosenwasser und Zucker,
so drängt sich die Vermutung auf,
daß da der Orient im Spiele ist,
daß man ein Haremskonfekt vor sich hat,
und daß wahrscheinlich das Rezept
zu dieser üppigen Magenbelastung
über Venedig nach Lübeck an irgendeinen
alten Herrn Niederegger gekommen ist."
(Thomas Mann)

Marzipangeschichte und -geschichten

Marzipan – dieses „Märzbrot", im Lateinischen „Panis Martius" genannt, im Italienischen „Marzapane", im Französischen verballhornt zu „Massepain" – erfreut sich seit Jahrhunderten großer Beliebtheit. Ursprünglich war es ein Osterbrot, im März gebacken, das der mittelalterlichen Klosterküche entstammt. Es ist kein „Markusbrot", kein „Marci panis", als welches es in vielen Koch- und Backbüchern beschrieben wird. Es ist nicht dem heiligen Marcus geweiht, dem Schutzpatron der Bäcker und der einstigen Republik Venedig, sondern es war anfangs eine klösterliche Fastenspeise in der fleischlosen Passionszeit. Von den Klöstern gelangte es dann über die Hofapotheken in die Fürstenhäuser, später dann auch auf die Tafel der gut situierten Bürger.

Das Marzipan hat seine Heimat überwiegend in den Handels- und Hansestädten, was seine Ursache wohl in den Seetransportwegen der Grundzutaten Mandeln, Rosenöl bzw. -wasser und, vor der Erfindung des Rübenzuckers, des aus Übersee importierten kostbaren Rohrzuckers hatte. Neben Lübeck und Königsberg wurden Hamburg und Danzig zu Hochburgen der Marzipanherstellung, denn diese Städte hatten große Speicher, in denen sich die temperaturabhängigen teuren Mandeln über längere Zeit kühl lagern ließen.
Allerorten geistert das Marzipan auch durch die Geschichte und Literaturgeschichte, vor allem das Lübecker Marzipan: So existiert aus dem Jahre 1858 ein Dankesbrief einer unbekannten zaristischen Hofdame, indem sie beschreibt, welche Furore eine Kiste voll Niederegger-Marzipan im russischen Sommerschloss Zarskoje-Selo gemacht habe, und wie die alte Zarin ein „Sakrileg“ beging, indem sie genüsslich ein Stück Marzipan in den allmorgendlichen Kaffee stippte!
Der jüngste Bruder des oben zitierten großen Sohnes Lübecks, der gelernte Landwirt Viktor Mann (1890–1949), weiß sich an Lübeck und das Café Niederegger – Wallfahrtsstätte jedes Marzipan-Fans – sowie die vorzügliche Qualität des dortigen Marzipans zu erinnern. In seiner Biographie „Wir waren fünf“ berichtet er: „… und wir gingen zu Niederegger, um Marzipan zu essen. Es gab ihn wunderbarerweise noch in der alten Qualität. […] Wir kauften eifrig ein …“

Die Marzipanstädte Lübeck und Königsberg

An Orten, die nach dem Zweiten Weltkrieg Flüchtlinge aus dem Osten aufgenommen haben, insbesondere natürlich in Schleswig-Holstein, geht nun in der dritten Generation die Diskussion weiter, was nun besser schmeckt: Lübecker oder Königsberger Marzipan. Da mein Mann aus Ostpreußen stammt, wurden alljährlich zu Weihnachten einige Blechschachteln, gefüllt mit „Teekonfekt" und „Randmarzipan", bei einer ehemaligen Königsberger Konditorei geordert. Und mehrere ältliche Großtanten haben mir wortreich, mit leicht masurisch anheimelndem Akzent beschrieben, wie man bei ihnen daheim das „ächte Kööönigsbärrrger Marrrzipan" herstellte, mit einer Zange den Rand hineinkniff und sie über dem offenen Feuer anflämmte. Meine Kinder können sich zwischen diesen landschaftsbezogenen Spezialitäten nicht entscheiden, und so erscheint alljährlich beides auf dem „bunten Teller": Lübecker Marzipanbrötchen, die nach Ananas oder Pistazien schmecken, und das mit kandierten Früchten bunt verzierte Königsberger Teekonfekt in Form von prachtvollen Herzen – mit der weißen Einlage aus Zuckerguss – sowie das schlichtere ungefüllte „Randmarzipan".
Jede Region hat insbesondere für die Advents- und Weihnachtszeit ihre Spezialitäten, und viele Haushalte haben noch immer ihre Familienrezepte, die zumeist landestypisch sind. Im Wesentlichen besteht der Unterschied darin, dass im östlichen Seeraum das Marzipan am Ende der Zubereitung leicht überbräunt wird. Hingegen wird die Rohmasse in Lübeck aus Haltbarkeitsgründen vor der Ausformung in einem Kessel unter Rühren erhitzt, bis sich der Teig vom Topfboden löst.

Auch hat man in Ostpreußen und in der ehemaligen Hansestadt Danzig auffallend mehr Marzipan in den Haushalten selbst hergestellt als in dem „Marzipanland“ Schleswig-Holstein. Das mag soziale Ursachen haben. Mandeln, Rosenöl und der ursprünglich importierte Rohrzucker waren Kostbarkeiten, die man sich in einfachen Haushaltungen nicht leisten konnte. Das Geld befand sich in Schleswig-Holstein im ländlichen Raum auf den großen Gütern, und selbst dort wurde oft nur Ersatzmarzipan aus Grieß, Kartoffeln oder weißen Bohnen, eventuell gestreckt mit etwas Mandeln und aromatisiert mit Mandelöl, für den Hausgebrauch fabriziert. Für den, der es sich leisten konnte oder wollte, lag Lübeck als Marzipanhochburg „eben um die Ecke“, und so war die Bestellung dieser vorgefertigten, wenn auch kostspieligen Leckerei dort einfach bequemer.

In Ostpreußen begann man schon Wochen vor dem Fest mit den Vorbereitungen. Es galt als Ehrensache, dass jeder Haushalt, der es nur irgendwie vermochte, selbst Marzipan herstellte. Hierbei wurden dort, anders als in Lübeck, immer einige wenige bittere Mandeln mit in den Teig gegeben. Beim Brühen und Reiben der Mandeln, dem Sieben des noch von einem kristallharten Hut abgeschlagenen Zuckers, dem Kneten des Teiges ging es mit Gewichtigkeit, fast mit einer bedeutsamen Feierlichkeit zu, die schon an eine Kulthandlung grenzte. Dann folgten das Ausrollen auf der gescheuerten hölzernen Arbeitsfläche und das Ausstechen z. B. von Herzen, Halbmonden oder vierkantigen Stücken. Sorgfältig wurde der Rand aufgesetzt und mit einer Stricknadel, Schraube oder der speziellen Zange „bunt gemacht", d.h. eingekerbt. Nun wurde das Marzipan überflämmt. Dies geschah im großelterlichen Haushalt meines Mannes, indem man ein rundes Blech, das mit einem hohen Rand und einem langen Griff versehen war, direkt schräg vor die geöffnete Tür des glühenden Zimmerofens hielt. Wenn ein Satz fertig war, trugen ihn die Mädchen auf einem Brett zum Abkühlen in das „gute Zimmer". Erst am nächsten Tag begann man dann mit dem Guss. Das Rosenwasser duftete dann durch das ganze Haus. Das muss ganz märchenhaft gewesen sein!

Für kleine und große Naschkatzen: Marzipankonfekt

Auch die Dichter sind nicht unberührt geblieben von Weihnachtsvorfreude und Festtagszauber. So erwähnt der romantische Dichter Ludwig Tieck (1773–1853) in seiner Novelle „Weihnachtsabend" bei der Beschreibung des Berliner Weihnachtsmarktes von 1835 unter anderem das ausgestellte Marzipan: „So wandeln denn Tausende scherzend mit Plänen zu kaufen, erzählend, lachend, schreiend an den süßduftenden mannigfaltigen Zucker- und Marzipangebäcken vorüber, wo Früchte, in reizender Nachahmung, Figuren aller Art, Thiere und Menschen, alles in hellen Farben strahlend, die Lüsternen anlacht."

Im Husumer Haushalt des Dichters Theodor Storm (1817–1888) wurde, zu Anfang der Ehe, für die angetraute Constanze zu ihrem Geburtstag noch Marzipan in Lübeck bestellt. Später im politischen Exil in Heiligenstadt (Thüringen) stellte Constanze es dann zum Weihnachtsfest selbst her. Für den Berliner Theodor Fontane (1819–1898), der Lübeck anlässlich einer Schiffsreise nach Kopenhagen kennen lernte, war speziell das Lübecker Marzipan etwas ganz Besonderes. Üblicherweise kaufte er unmittelbar vor dem Fest für die Familie in dem Delikatess-Geschäft Schwanke in der Reichshauptstadt Marzipan ein, wie der Tagebuchnotiz vom 23. Dezember 1880 zu entnehmen ist. Hierbei hat es sich – ob immer oder sporadisch – um Königsberger Marzipan gehandelt, wie wir in einem Gelegenheitsgedicht des großen Romanciers lesen können.

Königsberger Marzipanherzen

Seine Vorliebe gerade für Königsberger Marzipan demonstrierte Fontane noch im Alter, als er in einem Brief vom 22. Dezember 1881 an seine Schwester Elise, verheiratete Weber, feststellte: „Meine liebe Lise ... wenn man, wie seit gestern, von denen in den Zeitungen liest, die ihr Weihnachtsfest im Polarmeer zugebracht haben und wahrscheinlich nichts aufgebaut kriegten als einen neuen Eisberg und einen neuen Eisbären, so beschließt man unwillkürlich, mit einem Thorner Pfefferkuchen und einem Königsberger Marzipanherz zufrieden zu sein."

Für die Grundmasse:
1 Ei, 500 g Marzipanrohmasse, 200 g Puderzucker
Für die Füllung: 1 Eiweiß, 150 g Puderzucker,
Cocktailkirschen nach Belieben,
grüne Angelikawurzeln (Apotheke)

Für die Grundmasse das Ei trennen. Marzipan und gesiebten Puderzucker mit dem Eigelb verkneten, 1/2 Zentimeter dick ausrollen und kleine Herzen ausstechen. Aus den Teigresten schmale Streifen schneiden, mit dem leicht verschlagenen Eiweiß bestreichen und um den äußeren Rand der Herzen legen, andrücken. In die Randstreifen mit einer Stricknadel gleichmäßig Kerben eindrücken und mit dem Eiweiß bestreichen. Die Herzen so lange übergrillen, bis die Ränder zu bräunen beginnen. Für die Füllung Eiweiß und gesiebten Puderzucker verrühren und in die Mitte der Herzen füllen. Mit Kirschstückchen und feinen Angelikastreifen verzieren.

Lübecker Marzipan von 1890

500 Gramm süße Mandeln ohne bittere werden geschält, mit einem Tuch abgetrocknet und mit etwas Orangenblütenwasser sehr fein gerieben. Dann mischt man 500 Gramm Puderzucker darunter und verrührt die Masse auf schwachem Feuer so lange, bis sich der Teig vom Boden des Topfes löst. Auf einem mit Zucker bestreuten Arbeitsbrett werden nun 125–200 Gramm Zucker daruntergeknetet, die Masse ausgerollt und in beliebige Formen gestochen. Das Marzipan wird jetzt nur an der Luft oder in einem völlig ausgekühlten Ofen getrocknet, so dass die Masse weich und schneeweiß bleibt. Man verziert das Marzipan nun mit bunten, aus Zucker geformten Blumen oder einer Spritzglasur.

Marzipan nach Hausfrauenart

Für den Teig: 500 g Marzipanrohmasse,
500 g Puderzucker, 4–5 EL Rosenwasser
Für die Glasur: 150 g dunkle Kuvertüre

Alle Zutaten für den Teig mit etwas Wasser verkneten, bis die Masse kaum mehr Risse aufweist. Das Marzipan mit Hilfe von Pralinen- oder Ausstechförmchen beliebig formen. Für die Glasur die Kuvertüre über einem heißen Wasserbad schmelzen und das Marzipan damit überziehen.

Sie können das Marzipan auch in Kakao wälzen.

Walnuss-Aprikosen-Konfekt

125 g getrocknete Aprikosen, 3 EL Apricot Brandy, 200 g Marzipanrohmasse, 100 g Puderzucker, 100 g dunkle Kuvertüre, 100 g Walnusshälften, Papierkapseln

Die Aprikosen klein schneiden und in einer Schale mit dem Apricot Brandy übergießen. Etwa 2 Stunden ziehen lassen. Das Marzipan über einem heißen Wasserbad weich werden lassen und mit den Aprikosen gut verrühren. Den gesiebten Puderzucker darunter kneten. Aus der Masse 2 1/2 Zentimeter dicke Rollen formen. Diese in 1 Zentimeter breite Scheiben schneiden.
Die Kuvertüre über einem heißen Wasserbad schmelzen. Die Marzipanscheiben vollständig hineintauchen und auf einem Kuchengitter abtropfen lassen. Auf die noch warme Kuvertüreschicht jeweils 1 Walnusshälfte setzen. Nach dem vollständigen Abkühlen die einzelnen Konfektstücke in Papierkapseln setzen und in gut schließenden Dosen kühl aufbewahren.

Flensburger Makronen

Die Flensburgerinnen standen in Sachen Marzipanherstellung den Lübeckerinnen nicht nach, wie ich alten handgeschriebenen Kochbüchern der Region habe entnehmen können. Marzipan wird und wurde in Schleswig-Holstein überhaupt gerne für Kuchen und Süßspeisen verwendet. Und im Unterschied zu regionalen

Kochbüchern aus anderen Bundesländern findet man die süße Mischung aus geriebenen Mandeln, Zucker und Rosenwasser nicht nur in Rezepten für die Weihnachtsbäckerei, sondern auch für Gebäck rund ums Jahr.

150 g Marzipanrohmasse,
1 Tafel Vollmilchschokolade, 2 Eiweiß,
Butter für das Blech

Den Backofen auf 160 °C vorheizen. Das Marzipan über einem heißen Wasserbad weich werden lassen und mit der geraspelten Schokolade verrühren. Die Eiweiße zu steifem Schnee schlagen und unterheben. Die Masse in kleinen Häufchen auf ein gefettetes Backblech setzen und die Makrönchen im vorgeheizten Ofen in mindestens 15 Minuten ganz hell backen.

Schwarzwälder Marzipankonfekt

200 g Marzipanrohmasse, 100 g Puderzucker,
1 EL Kirschwasser, Puderzucker für die Förmchen
Für die Glasur: Puderzucker, 1 Eiweiß

Das Marzipan mit gesiebtem Puderzucker und Kirschwasser verkneten. Die Masse in mit Puderzucker ausgestäubte Pralinenformen drücken und vorsichtig mit einem Holzstäbchen aus den Förmchen lösen.
Für die Glasur so viel Puderzucker mit dem Eiweiß verrühren, dass eine dickflüssige Masse entsteht. Das Konfekt damit bepinseln.

Ingwer-Marzipan-Kugeln

25 g frischer Ingwer, 250 g Marzipanrohmasse,
120 g Puderzucker, 150 g geschälte, geröstete
Haselnüsse, 150 g helle Kuvertüre,
35 ganze Mokkabohnen

Den geschälten, geriebenen Ingwer, das Marzipan und den gesiebten Puderzucker verkneten. Jeweils 3 Nüsse in ein wenig Marzipanmasse hüllen und zu einer kleinen Kugel formen.
Die Kuvertüre über einem heißen Wasserbad schmelzen lassen und die Kugeln vollständig hineintauchen. Auf Pergamentpapier abtropfen lassen. In die noch weiche Glasur je 1 Mokkabohne drücken.

Mandel-Nuss-Pralinen mit Pernod

100 g gemahlene Walnusskerne,
100 g gemahlene Mandeln,
200 g Marzipanrohmasse,
100 g Puderzucker, 30 g Kakaopulver,
5 cl Pernod, 200 g dunkle Kuvertüre,
100 g Pinienkerne oder halbe Walnusskerne

Nüsse, Mandeln, Marzipan, gesiebten Puderzucker, Kakao und Pernod zu einer homogenen Masse verkneten. Daraus 4 Rollen von 15 Zentimetern Länge formen.

Jede Rolle in 20 gleich große Stückchen schneiden, zu Ovalen formen, diese etwas flach drücken und kalt stellen. Die Kuvertüre über einem heißen Wasserbad schmelzen lassen und die Pralinen vollständig hineintauchen. Die Pinienkerne oder Walnüsse mit der Unterseite in die verbliebene Kuvertüre tauchen und leicht auf die Oberseite der Pralinen drücken.

Mozart-Pralinees

200 g Nuss-Nougat,
200 g Marzipanrohmasse, 2 EL Kirschwasser,
10 g fein gehackte Pistazien,
100 g Puderzucker, 100 g dunkle Kuvertüre

Das Nuss-Nougat zu Würfeln von 1 Zentimetern Kantenlänge schneiden, zu kleinen Kugeln rollen und kalt stellen. Marzipan mit Kirschwasser, Pistazien und gesiebtem Puderzucker verkneten und zu einer 2 Zentimeter dicken Rolle formen. Diese in 30 gleich große Stücke schneiden. In jeden Marzipantaler eine Vertiefung drücken. Jeweils eine Nougatkugel hineinlegen, das Marzipan darüber zusammendrücken und zur Kugel formen.
Die Kuvertüre über einem heißen Wasserbad schmelzen lassen und die Kugeln vollständig hineintauchen. Zum Abtropfen auf Pergamentpapier setzen. Nach dem Erkalten die „Füßchen“ abschneiden.

Amarettokugeln

Im Italienischen heißen Mandelmakronen Amaretti. Den bekannten Likör sucht man hier jedoch vergeblich.

2 Eiweiß, 1 Prise Salz, 200 g Fruchtzucker,
250 g gemahlene süße Mandeln,
8 gemahlene bittere Mandeln,
50 g Marzipanrohmasse, 3 EL Rosenwasser,
2 EL gesiebter Puderzucker

Eiweiße, Salz und Fruchtzucker zusammen steif schlagen. Die Mandeln und das zerpflückte Marzipan dazugeben und verkneten. Mit feuchten Händen aus dem Teig kleine Kugeln formen. Mit Rosenwasser bepinseln und in Puderzucker wälzen.

Aprikosen-Orangen-Konfekt

350 g getrocknete Aprikosen,
300 g Marzipanrohmasse, 3 cl Orangenlikör,
150 g Puderzucker, 3 EL Orangenmarmelade,
2 unbehandelte Orangen, 150 g Zucker, Papierkapseln

Die Aprikosen heiß abbrausen, mit Küchenpapier trockentupfen und zusammen mit dem Marzipan sehr fein würfeln. In einer Schüssel mit dem Likör vermischen und 2 Stunden zugedeckt ziehen lassen. Den gesiebten Puderzucker mit der Marmelade verrühren und mit der

Aprikosen-Marzipan-Masse zu einem glatten Teig verkneten. Die Orangen heiß abbrausen und trockentupfen. Die Schale mit einer sehr feinen Reibe abreiben und mit dem Zucker vermischen. Aus der Konfektmasse kleine Kugeln formen und im Orangenzucker wälzen. Über Nacht auf Alufolie trocknen lassen.
Am nächsten Tag die Kugeln in Konfekthülsen aus Papier setzen und in einer Blechdose kühl aufbewahren.

Cashewkern-Marzipanbrote

250 g Cashewkerne, 250 g Puderzucker, 2 Eiweiß

Die Cashewkerne sehr fein mahlen und mit dem gesiebten Puderzucker vermischen. Die Eiweiße darunter schlagen. Den Teig zu 2 Broten formen und diese mehrmals quer einkerben. In Klarsichtfolie wickeln, im Kühlschrank lagern und innerhalb einer Woche verzehren!

Marzipankartoffeln

Von fertig gekaufter Marzipanrohmasse mit der Hand walnussgroße Kugeln ausrollen, mit einem Hölzchen „Augen“ hineinstechen und in Zimt oder Kakao wälzen. Mit einem spitzen Messer den Teig oben dreimal ein wenig aufbiegen, sodass sie wie aufgeplatzte Kartoffeln aussehen.

Wenn es Weihnachten wird: Kleines Marzipanbackwerk

Weihnachten in der Kindheit – der anheimelnde und verzaubernde Duft von Honigkuchen, Spekulatius, gebrannten Mandeln, braunen Kuchen, Zimtsternen und vor allem Marzipan ist untrennbar mit unseren Erinnerungen verwachsen. Für die „Brenten“ und die „Bethmännchen“ aus Frankfurt ist Marzipan unverzichtbar, den berühmten Stollen aus Dresden gibt es dagegen wahlweise mit und ohne. Um vorweihnachtliche Adventsstunden bei Kaffee und Gebäck oder Familientreffen unter dem geschmückten Tannenbaum vorzubereiten, sucht man nach den guten alten Rezepten für Zimtsterne und Lebkuchen, Marzipanstollen und -kekse, die beim Nachbacken das Haus mit dem zauberhaften, typischen Weihnachtsduft erfüllen! Es müssen ja nicht gleich Waschkörbe gefüllt werden oder Milchkannen, wie es früher auf den großen Gütern üblich war. Ruhig soll sie bleiben, die Advents- und Weihnachtszeit. Schließlich wollen die Kinder etwas von ihren Eltern und Großeltern, Tanten und Onkeln haben.

Dattelplätzchen

125 g Mehl, 2 Eigelb, 50 g Butter,
60 g Puderzucker, 50 g gemahlene Mandeln,
5 TL Rum, 25 Datteln, 75 g Marzipanrohmasse,
etwas Milch, gehackte Pistazien

Das Mehl mit 1 Eigelb, Butter, 50 Gramm gesiebten Puderzucker, Mandeln und 1 Teelöffel Rum zu einem glatten Teig verkneten. Für 30 Minuten zugedeckt an einem kühlen Ort ruhen lassen.
Den Backofen auf 180 °C vorheizen. Die Datteln entkernen. Marzipan mit restlichem Rum und übrigem gesiebtem Puderzucker verkneten, in einen Spritzbeutel geben und die Datteln damit füllen. Den Teig ausrollen und 25 Plätzchen ausstechen. Darauf die Datteln drücken. Das zweite Eigelb mit etwas Milch verquirlen. Die Plätzchen damit bepinseln und mit den gehackten Pistazien bestreuen. Auf Backpapier im vorgeheizten Backofen 15–20 Minuten backen.

Lübecker Leckerli

Für den Teig: 75 g Mehl, 250 g Kartoffelmehl,
1 Päckchen Vanillezucker, 30 g Kakao,
1 Msp. Pfefferkuchengewürz, 250 g Butter
Für die Füllung: 150–250 g Marzipanrohmasse,
75 g Puderzucker, 1 Eigelb
Außerdem: Butter für das Blech,
300 g Puderzucker, 6–7 EL Rum, Walnusskerne

Für den Teig das Mehl mit Kartoffelmehl, Vanillezucker, Kakao, Pfefferkuchengewürz und Butter verkneten. Aus dem Teig Rollen von 2 Zentimetern Durchmesser formen. Diese im Eisfach kurz anfrieren lassen und dann in Scheibchen von 1 Zentimeter Dicke schneiden.
Für die Füllung das Marzipan mit dem gesiebten Puderzucker und dem Eigelb verkneten und daraus ebenfalls eine Rolle formen. Diese in so viele Scheibchen schneiden, wie man zuvor Plätzchen hergestellt hat. Die Scheibchen zu Kügelchen formen, auf die Teigscheiben legen, den Teig darüber zusammenziehen und zu Kugeln formen.
Den Backofen auf 175 °C vorheizen. Die Kugeln auf das gefettete Backblech setzen und im vorgeheizten Ofen 15–20 Minuten backen. Herausnehmen, mit einer Glasur aus gesiebtem Puderzucker und Rum überziehen und jeweils mit einer halben Walnuss verzieren.

Meine Kartoffel-Lebkuchen

500 g Kartoffeln (mehlig kochend),
6 Eigelb, 150 g Zucker, 500 g Marzipanrohmasse,
100 g Zitronat, 100 g Orangeat, 1 1/2 TL Zimt,
3 Päckchen Backpulver, 450 g Mehl,
Backoblaten (5 cm Durchmesser),
150 g dunkle Kuvertüre

Am Vortag die Kartoffeln in der Schale garen. Über Nacht kühl stellen. Am Backtag die Kartoffeln pellen und fein reiben. In einer Schüssel mit Eigelben, Zucker und Marzipan gut verkneten. Zitronat und Orangeat fein hacken. Zusammen mit dem Zimt zum Teig geben. Mehl und Backpulver mischen und unter den Teig heben. Jeweils 1 Teelöffel Teig auf jede Oblate streichen. Diese mit etwas Abstand auf ein Backblech setzen. Den Backofen auf 175 °C vorheizen. Die Lebkuchen im vorgeheizten Ofen 20 Minuten backen. Herausnehmen und abkühlen lassen. Die Kuvertüre über einem heißen Wasserbad schmelzen lassen und dann die Lebkuchen damit überziehen.

Die Lebkuchen schmecken übrigens auch ohne Kuvertüreüberzug! Mein Back-Favorit!

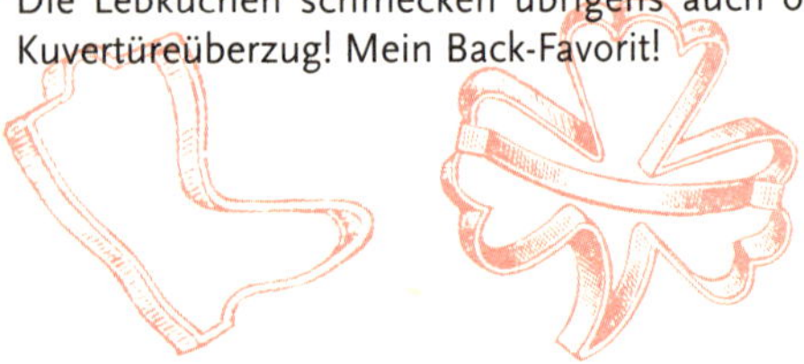

Zimtsterne

Für den Teig: 200 g Marzipanrohmasse,
3 Eiweiß, 100 g Zucker, 300 g Puderzucker,
4 TL Zimt, 200 g gemahlene Haselnüsse,
200 g gemahlene Mandeln
Für die Glasur: 1 TL Zitronensaft,
175 g Puderzucker, 1 Eiweiß

Den Backofen auf 150–175 °C vorheizen. Für den Teig das Marzipan mit 1 Eiweiß, Zucker, gesiebtem Puderzucker und Zimt verkneten. Dann die beiden restlichen zu Schnee geschlagenen Eiweiße, die Haselnüsse und 100 Gramm Mandeln einarbeiten. Die restlichen Mandeln auf die Arbeitsplatte streuen und den Teig darauf knapp 1 Zentimeter dick ausrollen. Dicht an dicht Sterne von 5 Zentimetern Durchmesser ausstechen.
Für die Glasur Zitronensaft, gesiebten Puderzucker und Eiweiß glatt verrühren. Die Sterne damit bestreichen und auf ein mit Backpapier belegtes Backblech setzen. Im vorgeheizten Ofen 10–12 Minuten backen, danach soll die Glasur leicht gebräunt sein.

Zimtdreiecke

20 g Marzipanrohmasse, 150 g Butter,
70 g Puderzucker, 1 Eigelb,
Mark von 1 Vanilleschote, 150 g Mehl,
150 g gemahlene Mandeln, 3 gehäufte TL Zimt,
1 Ei, 25 g gehackte Mandeln, 100 g Nougat

Am Vortag das Marzipan über einem heißen Wasserbad weich werden lassen. In einer Schüssel mit Butter, gesiebtem Puderzucker, Eigelb und Vanillemark gut verrühren, aber nicht schaumig schlagen. Mehl, Mandeln und Zimt dazugeben und alle Zutaten zu einem glatten Teig verkneten. In Klarsichtfolie wickeln und über Nacht kühl stellen.

Am nächsten Tag den Backofen auf 200 °C vorheizen. Den Teig portionsweise zwischen zwei Lagen Klarsichtfolie dünn ausrollen und mit Hilfe eines Lineals und eines Messers Dreiecke von 4 Zentimetern Kantenlänge ausschneiden. Die Hälfte der Dreiecke mit dem verquirlten Ei bestreichen und mit den gehackten Mandeln bestreuen. Alle Dreiecke auf ein mit Backpapier ausgelegtes Backblech legen. Im vorgeheizten Backofen 10–15 Minuten backen. Inzwischen das Nougat über einem heißen Wasserbad schmelzen. Das Blech aus dem Ofen nehmen und die unbestreuten Dreiecke mit dem Nougat bestreichen und jeweils ein bestreutes Dreieck darauf setzen.

Frankfurter Brenten von 1900

500 Gramm abgezogene Mandeln mit sehr wenig Rosenwasser feinstoßen und mit 500 Gramm Zucker auf gelindem Feuer unter beständigem Rühren so lange rösten, bis sie sich trocken anfühlen. Dann in ein anderes mit Zucker bestreutes Gefäß legen, mit feuchtem Leinentuche bedeckt an kühlem Ort bis zum andern Tage stehenlassen. Danach die Masse mit 1 Eiweiß und 60 Gramm Mehl glattarbeiten, 3/4 Zentimeter dick ausrollen, mit mehlbestäubten, gestochenen Holzformen ausdrücken, 1 Tag trocken liegenlassen und auf heiß mit Wachs bestrichenen oder mit Oblaten belegten Blechen ausbacken.

Man kann die Brenten auch von fertig gekauftem Marzipan machen und sich dadurch die Arbeit sehr erleichtern: Am Vortag das Marzipan auf einem mit Puderzucker bestäubten Brett mit ein wenig Rosenwasser geschmeidig kneten, 3/4 Zentimeter dick ausrollen. Die ganz leicht mit Mehl bestäubten Holzformen darauf drücken, wieder abnehmen, die einzelnen Figuren den Linien entlang auseinander schneiden. 1 Tag stehen lassen und dann hell backen.

Frankfurter Bethmännchen

Die Volkskundler haben lange darüber gerätselt, wie dieses Alt-Frankfurter Gebäck zu seinem Namen kam. Die Grundmasse ist original hessisch, denn es handelt sich bei ihr um die ortsübliche Frankfurter Brentenmasse. Einige Backbeflissene deuteten die Mandeln als erhobene „betende Hände“ und meinten, da würde die Bezeichnung „Bethmännchen“ herrühren. Tatsächlich sind sie jedoch nach dem Juristen und Politiker Moritz August von Bethmann-Hollweg (1795–1877), Abkömmling einer im 19. Jahrhundert geadelten Frankfurter Bankiersfamilie, benannt. Er war Universitätsprofessor, Berater König Friedrich Wilhelms IV. von Preußen und 1852–1862 preußischer Kultusminister. Mit seiner Frau Maria Anna Wilhelmine von Bose hatte er 4 Söhne: Moritz, Karl, Alexander und Heinrich. Ihnen zu Ehren wurde dieses Gebäck kreiert. Ursprünglich wurde es mit Blick auf die 4 Söhne mit 4 Mandeln dekoriert. Nachdem Heinrich früh verstorben war, ließ der taktvolle Koch eine Mandel weg. Bethmännchen werden heute von Frankfurt aus in alle Welt versandt. So liefert z.B. das Café Laumer in Frankfurt (Adresse S. 83) das Gebäck auf Bestellung in einer geschmackvollen Verpackung.

250 g Marzipanrohmasse, 80 g Puderzucker,
65 g gemahlene Mandeln, 40 g Mehl, 1 Ei,
60 g geschälte ganze Mandeln

Den Backofen auf 150 °C vorheizen. Das Marzipan mit gesiebtem Puderzucker, gemahlenen Mandeln, Mehl und Eiweiß verkneten. Kleine Kugeln aus der Masse formen. Die ganzen Mandeln halbieren und jeweils drei Hälften hochkant an die Kugeln drücken. Das Ei trennen. Das Eigelb mit etwas Wasser verquirlen und die Bethmännchen damit bestreichen. Das Gebäck auf ein mit Backpapier ausgelegtes Backblech setzen und in 15 Minuten leicht braun backen.

Dunkle Marzipankringel

200 g Marzipanrohmasse, 100 g Puderzucker,
50 g Butter, 275 g Mehl, abgeriebene Schale von
1 unbehandelten Zitrone, 2 Eiweiß,
150 g dunkle Kuvertüre

Den Backofen auf 175 °C vorheizen. Das Marzipan klein schneiden und mit dem gesiebten Puderzucker, Butter, Mehl und Zitronenschale verkneten. Die Eiweiße zu steifem Schnee schlagen und zuletzt einarbeiten. Den Teig in Klarsichtfolie wickeln und für 1 Stunde in den Kühlschrank stellen. Herausnehmen.
Aus dem Teig Rollen von 2 Zentimetern Durchmesser herstellen, ca. 10 Zentimeter lange Stücke abschneiden und zu Kringeln formen. Auf ein mit Backpapier ausgelegtes Backblech legen und im vorgeheizten Backofen 10–12 Minuten backen. Herausnehmen.
Die Kringel vom Papier lösen und abkühlen lassen. Inzwischen die Kuvertüre über einem heißen Wasserbad schmelzen. Die Kringel vollständig hineintauchen, abtropfen und auf Pergamentpapier trocknen lassen.

Gefüllte Lebkuchen

Für den Teig: 125 g Honig, 40 g Butter, 2 EL Milch,
1 TL Zimt, je 1 Msp. Kardamom und Nelkenpulver,
1 Päckchen Orange-Back, 1 TL Hirschhornsalz,
1 Eigelb, 150 g Mehl, 1 TL Kakao, 50 g gehackte Feigen,
100 g gemahlene Mandeln, 1 EL Rum
Für die Füllung: 150 g Marzipanrohmasse, 1 Eiweiß
Außerdem: 200 g weiße und 50 g dunkle Kuvertüre

Den Honig in einem Topf erwärmen, Butter und Milch unterrühren und sanft erhitzen. Gewürze und Eigelb hinzufügen. Mehl und Kakao mischen und einarbeiten. Feigen, Mandeln und Rum dazugeben und alles zu einem glatten Teig verkneten. 1 Stunde bei Zimmertemperatur ruhen lassen.
Für die Füllung Marzipan und Eiweiß vermengen. Backofen auf 180 °C vorheizen. Den Teig zwischen 2 Lagen Klarsichtfolie dünn zu einem Quadrat ausrollen und in 2 gleich große Rechtecke schneiden. Eine Hälfte mit dem Marzipan bestreichen, die andere Hälfte darüber legen und runde oder eckige Lebkuchen ausstechen. Auf ein mit Backpapier ausgelegtes Backblech setzen und im vorgeheizten Ofen 15–18 Minuten backen. Herausnehmen, vom Papier lösen und abkühlen lassen. Inzwischen die Kuvertüren zusammen über einem heißen Wasserbad schmelzen und die Lebkuchen damit bepinseln.

Sie können die Kuvertüre auch in eine selbst gedrehte, mit einem kleinen Loch versehenen Pergamenttüte füllen und die Lebkuchen damit verzieren.

Marzipanmonde

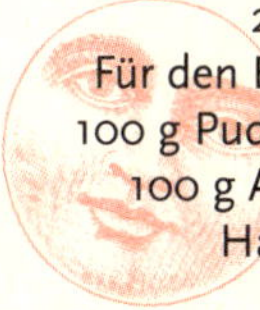

Für den Teig: 150 g Mehl, 1 TL Backpulver,
1 Ei, 65 g Butter, 50 g Zucker,
2 Päckchen Vanillezucker
Für den Belag: 200 g Marzipanrohmasse,
100 g Puderzucker, 1 EL Aprikosenschnaps,
100 g Aprikosenmarmelade, 1 Eiweiß,
Hagelzucker zum Bestreuen

Für den Teig das Mehl und das Backpulver mischen. Mit Ei, Butter, Zucker und Vanillezucker zu einem glatten Teig verkneten, in Klarsichtfolie wickeln und 1 Stunde im Kühlschrank ruhen lassen.
Den Backofen auf 200 °C vorheizen. Den Teig zwischen zwei Lagen Klarsichtfolie ausrollen und ein mit Backpapier bedecktes Backblech damit auslegen. Im vorgeheizten Ofen 10 Minuten backen. Herausnehmen und abkühlen lassen.
Für den Belag das Marzipan mit gesiebtem Puderzucker und Schnaps verkneten, zwischen zwei Lagen Klarsichtfolie in Größe der Teigplatte ausrollen. Den gebackenen Teig mit erwärmter Aprikosenmarmelade bepinseln und die Marzipanplatte auflegen. Dicht an dicht Halbmonde ausstechen. Diese auf ein zweites mit Backpapier ausgelegtes Backblech setzen, mit Eiweiß bepinseln und mit etwas Hagelzucker bestreuen. Bei 280 °C im Backofen in maximal 5 Minuten überbräunen.

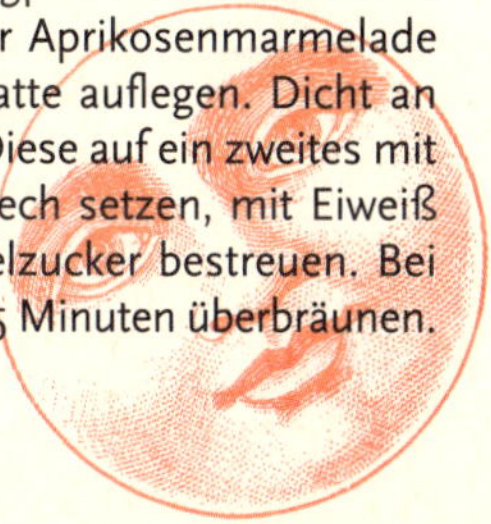

It's tea-time: Feines Gebäck mit Marzipan

Es soll Anna, die siebte Herzogin von Bedford, gewesen sein, die im 19. Jahrhundert den Anfang für die liebenswürdige englische Tradition der Teestunde setzte. Ihrer Hoheit knurrte oft am Nachmittag der Magen. Und so ließ sie sich ein Kännchen Tee und einen kleinen Imbiss auf ihrem Zimmer servieren, wozu sie auch ihre Freundinnen einlud. Das Beispiel machte Schule, und man begann die Teestunde mit gepflegtem Zubehör zu kultivieren: Geschirr und Besteck aus feinstem Porzellan und Silber, filigrane Etageren für Gebäck und kostbare Stickereidecken machten Furore. Die „teatime" wurde zu einem sozialen Ereignis. Laden auch Sie einmal zu einer englischen Teestunde ein! Es hat so etwas Exquisites und gleichzeitig Gemütliches. And it's quite English indeed!

Bekannt ist natürlich auch das ostfriesische Teezeremoniell, das zu jeder Tageszeit stattfinden kann, wenn mindestens zwei Ostfriesen zusammentreffen. Diese Tradition mit einem sehr kräftigen Tee, mit Kluntjes, Wulkje (Sahnewölkchen) und Stövchen kommt hinter den Nordseedeichen zwischen Bremen und Emden fast einer heiligen Handlung gleich und sie bietet Zeit zum Entspannen, zum Aufwärmen, zu einem kleinen Klönschnack. Als Gebäck eignen sich für beide Varianten alle Arten von Kuchen mit (wohlgemerkt hochwertigem!) Marzipan.

Englischer Orangenkuchen

Für eine Kastenform von 26 cm Länge
Für den Teig: 200 g Marzipanrohmasse,
250 g Butter, 100 g Zucker, 6 Eier, 1 Prise Salz,
abgeriebene Schale von 2 unbehandelten Orangen,
4 EL frischer Orangensaft, 4 EL Orangenlikör,
150 g Mehl, 100 g Kartoffelmehl, 100 g Orangeat,
Außerdem: Butter und Semmelbrösel
für die Form, 4 EL Orangenlikör,
9 EL frischer Orangensaft, 200 g Puderzucker,
Zesten von 1 unbehandelten Orange

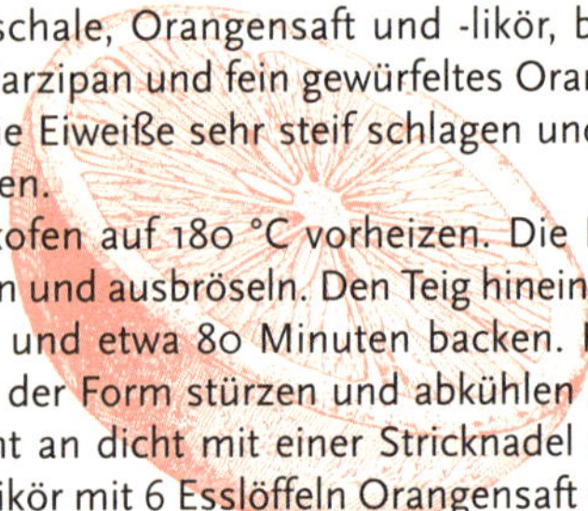

Für den Teig das Marzipan über einem heißen Wasserbad weich werden lassen. Butter und Zucker schaumig schlagen. Die Eier trennen, die Eigelbe dazugeben. Salz, Orangenschale, Orangensaft und -likör, beide Mehlsorten, Marzipan und fein gewürfeltes Orangeat einarbeiten. Die Eiweiße sehr steif schlagen und vorsichtig unterziehen.
Den Backofen auf 180 °C vorheizen. Die Kastenform ausbuttern und ausbröseln. Den Teig hineingeben, glatt streichen und etwa 80 Minuten backen. Herausnehmen, aus der Form stürzen und abkühlen lassen. Von oben dicht an dicht mit einer Stricknadel einstechen. Orangenlikör mit 6 Esslöffeln Orangensaft vermischen und gleichmäßig über den Kuchen gießen. Den gesiebten Puderzucker mit dem restlichen Orangensaft zu einem festen Brei verrühren und den Kuchen damit bestreichen. Solange er noch weich ist, den Guss mit Orangenzesten bestreuen.

Maids of Honour (Ehrenjungfrauen)

Diese Törtchen sollen das Lieblingsgebäck von Anna Boleyn (1507–1536), einer der zahlreichen Ehefrauen Heinrichs VIII. (1491–1547), und ihren Hofdamen gewesen sein.

Für 12 glatte Tortelettförmchen oder 1 Muffinblech
Für den Teig: 225 g Mehl, 1 Prise Salz,
175 g kalte Butter in Stückchen, 1 Eigelb, 2 TL Zucker
Für die Füllung: 50 g Quark, 35 g kaltes Kartoffelpüree,
35 ml Brandy, 50 g Marzipanrohmasse,
50 g Puderzucker, 35 g weiche Butter, 1/8 TL frisch
geriebene Muskatnuss, Saft von 1 Zitrone,
abgeriebene Schale von 2 unbehandelten Zitronen
Außerdem: Butter für Förmchen oder Blech

Für den Teig gesiebtes Mehl, Salz und Butter mit einer Gabel krümelig zerdrücken. Eigelb und Zucker zufügen. Alles mit einem Messer zerhacken, dabei 1–2 Esslöffel Wasser einarbeiten und alles zu einem nicht zu steifen Teig verkneten. Als Kugel in Folie gewickelt 30 Minuten kühl stellen. Den Backofen auf 175 °C vorheizen. Förmchen bzw. Mulden ausbuttern, den Teig zwischen zwei Lagen Klarsichtfolie ausrollen. 12 Kreise ausstechen, die im Durchmesser etwas größer sind als die Förmchen bzw. Mulden, und deren Boden damit auslegen.
Für die Füllung Quark, Püree, in Brandy erwärmtes Marzipan und übrige Zutaten gut verrühren, einfüllen und die Törtchen im vorgeheizten Ofen 40 Minuten backen. Herausnehmen, kurz abkühlen lassen und stürzen.

Cornish Cake

Kennen Sie Cornwall? Nein? Es ist tatsächlich so märchenhaft schön, wie es uns aus Rosamunde-Pilcher-Verfilmungen in die Wohnzimmer flimmert! Man denke nur an seine malerischen, altertümlichen „Cottages" umgeben von prall-bunten Bauerngärten, den ehrwürdigen Herrensitzen, den „Manor houses", inmitten märchenhafter gepflegter Parks. Über den Hochmooren im Landesinnern, die bereits Agatha Christie und Daphne du Maurier zu schriftstellerischen Leistungen inspirierten, liegen vor allem im Herbst gespenstische Nebel. Im Sommer grasen auf den hügeligen Weiden in feuchtwarmer Luft wollige weiße Schafe mit schwarzen Köpfen. In den verwinkelten kleinen Hafenstädten kann man fast noch Schmuggler und Freibeuter vermuten. Ein Land von paradiesischer Schönheit und Ruhe!
In diesem Lande schmeckt nichts so gut wie eine Tasse kräftiger, dunkler Tee wie man ihn sonst nirgends in

Europa bekommt! Und dazu zerbröckelt man genießerisch auf einem kristallenen Tellerchen ein Stück trockenen safrangelben Cornish Cake und führt die Krümel mit Grazie zum Munde. Um diesem Teekuchen die sprichwörtliche Trockenheit zu nehmen, bedarf es nur einer kleinen Beigabe von Marzipan. Dadurch wird das Gebäck besonders saftig und wohlschmeckend.

Für eine Napfkuchenform
300 g Marzipanrohmasse, 450 g Mehl,
175 g Butter, 250 g gewaschene Korinthen,
100 g gehackte kandierte Früchte, 1 Prise Salz,
75 g Zucker, 1 Würfel frische Hefe (42 g),
1/2 TL Safranpulver, 1 Ei, Butter für die Form,
1 EL Puderzucker zum Bestäuben

Das Marzipan über einem warmen Wasserbad weich werden lassen. Mit Mehl, Butter, Korinthen, kandierten Früchten und Salz verkneten. Den Zucker in 200 Milliliter warmes Wasser geben und die Hefe darin auflösen. Safranpulver in 2 Esslöffel kochendes Wasser geben, abkühlen lassen. Mit Ei und Hefemischung zum Teig geben und kräftig verkneten. Den Teig unter einem sauberen Tuch an einem warmen, zugfreien Ort 1 Stunde gehen lassen, danach sollte sich sein Volumen verdoppelt haben.
Den Backofen auf 175 °C vorheizen. Die Napfkuchenform ausbuttern. Den Teig hineingeben und erneut 30 Minuten gehen lassen. Im vorgeheizten Ofen auf der untersten Schiene 1 Stunde backen. Abkühlen lassen und mit Puderzucker bestäuben.

Mandelbrezeln

Die Zubereitung der Brezeln ist ein etwas klebriges und aufwendiges Unterfangen. Daher fabriziere ich dieses Gebäck auch höchstens einmal im Jahr und nur für besonders liebe Gäste. Sie sind sozusagen ein echter Liebesbeweis! Aber das Endprodukt schmeckt einfach himmlisch!

600 g TK-Blätterteig, 200 g Marzipanrohmasse,
1 Ei, 4 EL Rum, 1 Prise Salz, 50 g Zucker,
fein abgeriebene Schale von 1 unbehandelten Zitrone,
1 Eigelb, 1 EL Milch, 150 g Mandelblättchen,
etwas Mehl, Puderzucker zum Bestäuben

Die Blätterteigplatten nebeneinander legen und nach Vorschrift auftauen. Marzipan, Ei, Rum, Salz, Zucker und Zitronenschale zu einer streichfähigen Masse verrühren. Aufgetaute Blätterteigplatten wieder aufeinander legen und zu 2 Platten in der Größe 25 x 30 Zentimeter ausrollen. Ein Rechteck mit Wasser bepinseln, die Marzipanmasse darauf streichen, die zweite Platte darauf legen und leicht andrücken. Mit einem sauberen Küchentuch bedecken und 10 Minuten kühl stellen. Die doppelte Teigplatte mit einem sehr scharfen Messer von der Längsseite her mit Hilfe eines Lineals in 12 Streifen von 2 Zentimetern Breite und 30 Zentimetern Länge schneiden. Jeden Streifen auf 40 Zentimeter Länge ausziehen, in sich verdrehen und zur Brezel schlingen. Die Enden leicht andrücken. Das Eigelb mit der Milch verschlagen und die Brezeln damit bepinseln.

Die Mandelblättchen in einen tiefen Teller geben und die Brezeln mit der Oberseite hineindrücken.
Den Backofen auf 225 °C vorheizen. Das Backblech mit kaltem Wasser abspülen und die Brezeln mit der Mandelseite nach oben dicht nebeneinander darauf setzen. 10 Minuten ruhen lassen. Danach im vorgeheizten Ofen etwa 20 Minuten backen. Herausnehmen und noch warm mit Puderzucker bestäuben.

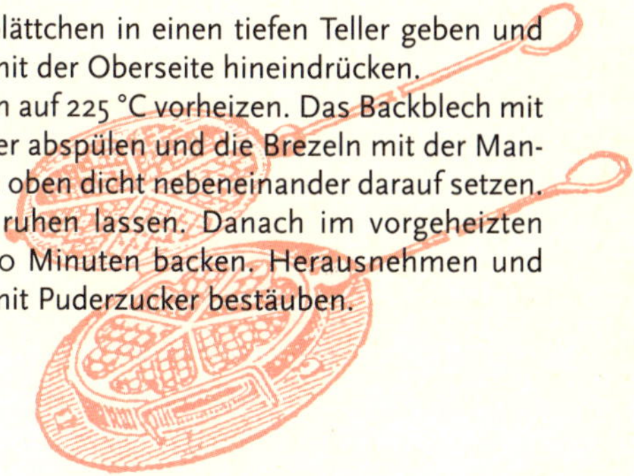

Marzipanwaffeln

3 Eier, 150 g Mehl, 1 TL Backpulver,
280 g Marzipanrohmasse, 2 Msp. Vanillezucker,
4–6 EL Milch, 2 EL Rum, Butter für das Waffeleisen,
Puderzucker zum Bestäuben

Die Eier trennen. Eigelbe, Mehl, Backpulver, Marzipan, Vanillezucker, Milch und Rum zu einem glatten Teig verkneten. Zugedeckt 30 Minuten ruhen lassen. Die Eiweiße zu steifem Schnee schlagen und unter den Teig ziehen. Ein teflonbeschichtetes Waffeleisen vorheizen und vor jedem Backgang beide Flächen mit etwas Butter einfetten. Jeweils etwa 2–3 Esslöffel Teig in das Waffeleisen geben und backen, bis die Kontrolllampe erlischt. Die fertigen Waffeln nebeneinander (!) auf ein Kuchengitter legen und abkühlen lassen. Vor dem Servieren mit etwas Puderzucker besieben.

Marzipantaschen

Wenn Sie Überraschungsbesuch erhalten, ist dies ein schnelles und unkompliziertes Rezept, für das man die Zutaten immer vorrätig haben kann.

1 Paket TK-Blätterteig, 1 Ei,
300 g Marzipanrohmasse, evtl. 1 EL Milch,
Puderzucker zum Bestäuben

Den Blätterteig nach Vorschrift auftauen lassen. Die Platten halbieren und etwas ausrollen. Das Ei trennen. Die Teigränder mit Eiweiß bestreichen. Das Marzipan in 12 gleich große Teile schneiden und auf den Quadraten verteilen. Die Quadrate zu Dreiecken zusammenklappen. Die Ränder sorgfältig mit den Zinken einer Gabel zusammendrücken. Es darf dabei ein Muster entstehen. Das Eigelb gut verschlagen, eventuell 1 Esslöffel Milch hinzufügen und die Oberseiten der Taschen damit bepinseln.
Den Backofen auf 225 °C vorheizen. Die Taschen auf ein mit kaltem Wasser abgespültes Backblech legen und im vorgeheizten Ofen 25 Minuten backen. Herausnehmen, abkühlen lassen und dann mit etwas Puderzucker besieben.

Obsttörtchen mit Marzipan

Für ca. 12 Tortelettförmchen
Für den Teig: 200 g Mehl, 100 g Butter, 40 g Zucker, Mark von 1 Vanilleschote, 1 Eigelb, 1 EL Rum
Für den Belag: 500 g tiefgefrorenes oder eingemachtes Obst (z. B. Kirschen oder Himbeeren), 100 g Marzipanrohmasse, 75 g Puderzucker, 1/4 l Sahne, 1 Päckchen Sahnesteif, 1 TL Vanillezucker
Außerdem: Butter für die Förmchen

Das Mehl mit Butter, Zucker, ausgekratztem Vanillemark, Eigelb und Rum zügig zu einem glatten Mürbeteig verkneten. Zur Kugel formen, in Klarsichtfolie wickeln und für 30 Minuten in den Kühlschrank legen.
Den Backofen auf 200 °C vorheizen. Den Teig zwischen zwei Lagen Klarsichtfolie 3–5 Millimeter dünn ausrollen. Mit einem der Tortelettförmchen aus Blech Kreise ausstechen. Die Förmchen gut ausfetten, die Teigkreise hineinlegen und im vorgeheizten Ofen auf der mittleren Schiene in 10–15 Minuten goldbraun backen. Abkühlen lassen und aus den Förmchen klopfen.
Inzwischen für den Belag das Obst auftauen oder aus dem Glas nehmen und abtropfen lassen. Das Marzipan mit dem Puderzucker verkneten, ausrollen und Kreise im Durchmesser der Tortelettförmchenböden ausstechen. Diese auf die Teigböden legen. Kurz vor dem Anrichten die Sahne mit Sahnesteif und Vanillezucker steif schlagen, das Obst in die Törtchen füllen und mit der Schlagsahne verzieren.

Leipziger Lerchen

Erfunden wurde diese Marzipanspezialität einst vom Zuckerbäcker, Konditor und Kaffeehausbesitzer Händel aus Reudnitz bei Leipzig. In seinem „Kuchengarten" ging schon der junge Wolfgang Goethe (1749–1832) als Student ein und aus. Unter den Schatten spendenden Kastanienbäumen saßen die Pärchen an langen hölzernen Tischen gerne eng beieinander und genossen Kaffee und Kuchen. Die Lerchen wurden bald ein beliebter Versandartikel, erhielten ihren Namen aber erst Jahrzehnte später, als in Leipzig das Fangen und Verspeisen von Singvögeln verboten wurde. Heute werden sie leider nur noch in ganz wenigen Leipziger Backstuben hergestellt, weshalb man sie nunmehr selbst backen muss.

Für Tortelettförmchen von 6 cm Durchmesser
Für den Teig: 250 g Mehl, 1 Ei, 1 TL Cognac,
1 Prise Salz, 70 g Zucker, 125 g kalte Butter
Für die Füllung: 4 Eiweiß, 125 g Butter,
125 g gesiebter Puderzucker, 1 Eigelb,
75 g Mehl, 150 g gemahlene süße Mandeln,
4 gemahlene bittere Mandeln,
1 EL Kartoffelmehl, 250 g Aprikosenkonfitüre,
evtl. 1–2 cl Aprikosengeist
Außerdem: Butter für die Förmchen

Für den Teig das Mehl auf eine Arbeitsfläche sieben und in die Mitte eine Vertiefung drücken. Ei, Cognac

und Salz, Zucker und die Butter in Flöckchen hineingeben. Alles zu einem Knetteig verarbeiten, zur Kugel formen, in Klarsichtfolie wickeln und für 30 Minuten in den Kühlschrank legen.
Für die Füllung die Eiweiße zu steifem Schnee schlagen. Butter mit Puderzucker schaumig rühren, Eigelb, Mehl, beide Mandelarten und Kartoffelmehl hinzufügen, gut verrühren und den Eischnee unterziehen.
Die Tortelettförmchen sorgfältig ausbuttern. Den Teig zwischen zwei Lagen Klarsichtfolie 1/2 Zentimeter dick ausrollen und Kreise ausstechen, die etwas größer als die Förmchen sind. Diese mit dem Teig auskleiden und ihn mit einer Gabel mehrfach einstechen. Überstehende Ränder abschneiden und die Teigreste beiseite legen.
Den Backofen auf 175 °C vorheizen. Die Aprikosenkonfitüre in einem Töpfchen leicht erwärmen und eventuell mit dem Aprikosengeist verrühren. Mit dem Kuchenpinsel auf dem Teig in den Förmchen verteilen. Die Mandelmasse einfüllen. Die Teigreste zur Kugel formen, ausrollen, in schmale Streifen schneiden und jeweils zwei Streifen überkreuz auf die eingefüllte Mandelmasse legen.

Die Marzipantörtchen in den vorgeheizten Backofen schieben und ca. 20 Minuten backen. Die Lerchen stürzen, sofort wieder umdrehen und auf einem Kuchengitter vollständig abkühlen lassen.

Sächsische Quarkspitzen

Dies ist eine weitere sächsische Spezialität, die vorzüglich zu einer anregenden Teestunde passt.

2 EL Korinthen, etwas Mehl,
50 g Zucker, 3 Eier, 50 g Butter,
4 EL Marzipanrohmasse, 1 Prise Salz,
1 TL abgeriebene unbehandelte Zitronenschale,
2 EL Zitronensaft, 2 EL Cognac,
200 g trockener Magerquark, 200 g Mehl,
1/2 Päckchen Backpulver
Außerdem: Fett zum Ausbacken,
gesiebter Puderzucker

Die Korinthen gut waschen, auf Küchenpapier gründlich abtropfen lassen und in etwas Mehl wälzen. Den Zucker mit den Eiern schaumig schlagen, die weiche Butter und die übrigen Zutaten unterrühren. Zuletzt die Korinthen zugeben.
Das Frittierfett erhitzen. Es hat die richtige Temperatur, wenn sich an einem hineingetauchten Holzlöffel kleine Blasen zeigen. Portionsweise mit einem Esslöffel etwas Teig in das Fett geben und hellbraun frittieren. Mit einer Schaumkelle herausnehmen und auf Küchenpapier gut abtropfen lassen. Mit Puderzucker bestäuben und lauwarm oder kalt servieren.

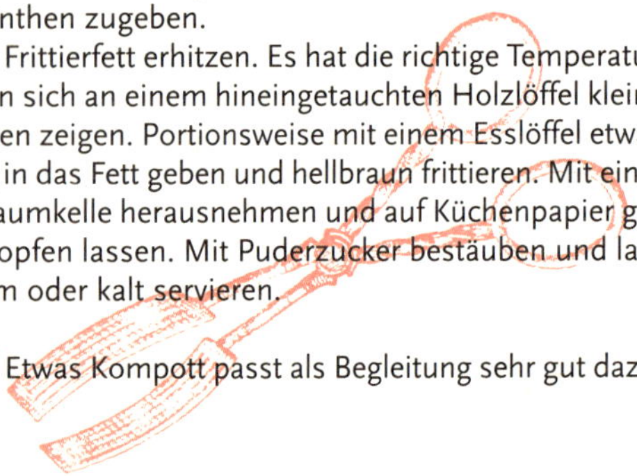

Etwas Kompott passt als Begleitung sehr gut dazu.

Marzipanherzen „Hausfreund“

Zu diesem Gebäck reiche ich eine Tasse kräftigen Earl-Grey-Tee. Von diesem aromatischen, mit Bergamotteöl versetzten schwarzen Tee kommt man, nachdem man ihn einmal getrunken hat, nicht wieder los!

175 g Mehl, 75 g Kartoffelmehl,
65 g Zucker, 1 Päckchen Vanillezucker, 1 Ei,
165 g kalte Butter, etwas Aprikosenmarmelade,
400 g Marzipanrohmasse, 400 g Puderzucker,
150 g dunkle Kuvertüre, halbierte Walnusskerne

Den Backofen auf 200 °C vorheizen. Beide Mehlsorten, Zucker und Vanillezucker auf die Arbeitsfläche sieben. Mit dem Ei und der Butter zu einem glatten Teig verkneten. Zwischen zwei Lagen Klarsichtfolie dünn ausrollen und kleine Herzen ausstechen.
Ein Backblech mit Backpapier auslegen, die Herzen darauf setzen und im vorgeheizten Ofen 5–10 Minuten backen. Herausnehmen und abkühlen lassen. Danach dünn mit Aprikosenmarmelade bestreichen.
Marzipan mit Puderzucker verkneten, dünn ausrollen und ebenfalls Herzchen gleicher Größe ausstechen. Die Plätzchen damit belegen. Die Kuvertüre über einem heißen Wasserbad schmelzen lassen, die Herzen damit überziehen und mit je 1 Walnusshälfte verzieren.

Immer edel:
Kuchen und Torten mit Marzipan

Wenn ich einmal schlechte Laune habe oder eine winzige „Null-Bock-Phase“, wenn ich unzufrieden mit mir bin, oder wenn ich es nur einfach gut mit meinen Lieben meine – dann backe ich einen Kuchen. Bei mir ist Kuchenbacken ein probates Mittel, um Unlustgefühle, Weltschmerz, latenten Liebeskummer, erlahmende Schaffenskraft, übersteigerten Ehrgeiz und was es sonst noch an negativen Gefühlen gibt, erfolgreich zu bekämpfen. Der Gang in die Küche, der Griff zu den Backzutaten, bei denen Marzipan nicht fehlen darf, das Ansetzen des Teiges, das Ausschlecken der Kuchenschüssel (wenn die Familie nicht zusieht und selbst dafür Schlange steht), der wohlige, mollige Duft, der das Haus durchzieht, wenn das süße Gebilde seiner köstlichen Vollendung entgegenreift und -bräunt – das sind kreative Höhepunkte im Haushaltsleben, die ich nicht missen möchte! Und dann, wenn ich das gelungene Endprodukt der allgemeinen familiären Vernichtung preisgebe und mir selbst, figurbewusst und vernünftig, nur ein halbes Stückchen davon gönne, ist die Welt wieder in Ordnung!

Völlenerfehner Torfkuchen

Im tiefsten Ostfriesland bei novembrigem Nebel, wenn man Weg und Steg nicht sieht und es sich nur noch daheim bei einer guten Tasse Kaffee oder dem echten Ostfriesentee, mit und ohne Schuss Rum, gemütlich machen will, da habe ich ihn kennen gelernt und ihn nach meinem eigenen Gusto ein wenig abgewandelt: den Völlenerfehner Torfkuchen. Sie kennen Völlenerfehn nicht? Es liegt irgendwo bei Papenburg und ist eine so genannte Fehnsiedlung, also eine ehemalige Siedlung der Torfstecher. Sie müssen nicht dorthin fahren, backen Sie einfach den Kuchen nach! Dann haben Sie alles aus der Region beisammen: braunen saftigen Torf, Gemütlichkeit und einen Wohlgeschmack, der von der Schlichtheit der Zutaten herrührt.

Für eine Napfkuchenform
250 g Butter, 250 g Marzipanrohmasse, 2 cl Rum,
4 Eier, 125 g Zucker, 1 Päckchen Vanillezucker,
1/3 Fläschchen Backaroma Bittermandel,
1/3 Fläschchen Backaroma Rum, 1 Prise Salz,
1 Päckchen Schokoladenpuddingpulver,
3 gehäufte EL Mehl, 1 Päckchen Backpulver,
Butter und Semmelbrösel für die Form,
Puderzucker oder 100 g dunkle Kuvertüre

In einem Topf die Butter bei geringer Hitze zerlassen, vom Herd nehmen und abkühlen lassen. Währenddessen das Marzipan mit dem Rum über einem heißen Wasserbad weich werden lassen.

Die Eier trennen. Eigelbe und Zucker mit Vanillezucker, beiden Aromen und Salz cremig schlagen. Butter und Marzipan hinzufügen. Das Puddingpulver mit Mehl und Backpulver vermischen und alles zu einem glatten Teig rühren. Zuletzt die Eiweiße zu steifem Schnee schlagen und vorsichtig unterziehen.
Den Backofen auf 200 °C vorheizen. Die Napfkuchenform ausbuttern und ausbröseln. Den Teig hineinfüllen. Im vorgeheizten Backofen 40–45 Minuten backen. Herausnehmen und abkühlen lassen. Die Kuvertüre über einem heißen Wasserbad schmelzen lassen und den Kuchen damit überziehen.

Sie können den Kuchen auch einfach nur mit Puderzucker besieben. Wer mag, kann ihn zuvor durchschneiden und mit Preiselbeermarmelade füllen und/oder Schlagsahne dazu reichen.

Apfel-Marzipan-Blechkuchen

Für den Teig: 200 g weiche Butter,
1 Prise Salz, 175 g Zucker, 4 Eier, 375 g Mehl,
2 TL Backpulver, Saft von 1 Zitrone, 100 g Sahne
Für den Belag: 1,5 kg Äpfel (z. B. Boskoop),
Saft von 1 Zitrone, 2 Eier,
200 g Marzipanrohmasse, 200 g Sahne,
100 g Mandelblättchen,
1 Päckchen Vanillepuddingpulver
Außerdem: Butter für das Blech,
100 g Puderzucker, 4 EL Amaretto
oder Zitronensaft

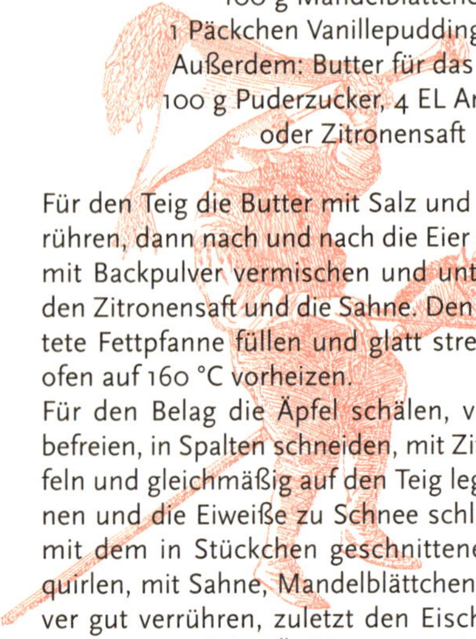

Für den Teig die Butter mit Salz und Zucker schaumig rühren, dann nach und nach die Eier einarbeiten. Mehl mit Backpulver vermischen und unterrühren, ebenso den Zitronensaft und die Sahne. Den Teig in eine gefettete Fettpfanne füllen und glatt streichen. Den Backofen auf 160 °C vorheizen.

Für den Belag die Äpfel schälen, vom Kerngehäuse befreien, in Spalten schneiden, mit Zitronensaft beträufeln und gleichmäßig auf den Teig legen. Die Eier trennen und die Eiweiße zu Schnee schlagen. Die Eigelbe mit dem in Stückchen geschnittenen Marzipan verquirlen, mit Sahne, Mandelblättchen und Puddingpulver gut verrühren, zuletzt den Eischnee unterheben. Die Masse auf den Äpfeln verstreichen. Im vorgeheizten Backofen ca. 45 Minuten backen. Herausnehmen. Puderzucker und Amaretto oder Zitronensaft verrühren und den noch warmen Kuchen damit bestreichen.

Zitronentorte

Für eine Springform von 26 cm Durchmesser
Für den Teig: 250 g Mehl, 1 Ei, 100 g Zucker, 125 g kalte Butter
Für die Füllung: 1 unbehandelte Zitrone, 150 g Butter, 200 g Marzipanrohmasse, 3 Eier, 50 g Zucker
Für den Belag: 2 unbehandelte Zitronen, 4 EL Zucker
Außerdem: Butter für die Form

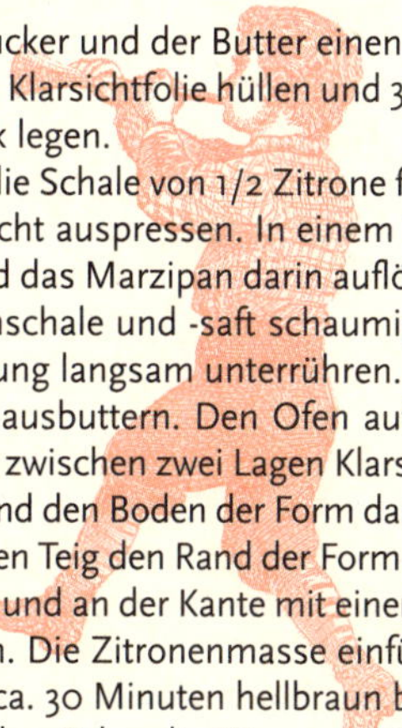

Aus Mehl, Ei, Zucker und der Butter einen glatten Mürbeteig kneten, in Klarsichtfolie hüllen und 30 Minuten in den Kühlschrank legen.
Für die Füllung die Schale von 1/2 Zitrone fein abreiben, den Saft der Frucht auspressen. In einem Topf die Butter zerlassen und das Marzipan darin auflösen. Eier mit Zucker, Zitronenschale und -saft schaumig rühren, die Marzipanmischung langsam unterrühren.
Die Springform ausbuttern. Den Ofen auf 220 °C vorheizen. Den Teig zwischen zwei Lagen Klarsichtfolie passend ausrollen und den Boden der Form damit auslegen. Mit dem restlichen Teig den Rand der Form 2 Zentimeter hoch auskleiden und an der Kante mit einer Gabel regelmäßig einkerben. Die Zitronenmasse einfüllen. Im vorgeheizten Ofen ca. 30 Minuten hellbraun backen.
Inzwischen für den Belag die Zitronen mit einem sehr scharfen Messer in hauchdünne Scheiben schneiden und von den Kernen befreien. Den Zucker erhitzen und die Scheiben darin 5–8 Minuten kandieren. Den noch heißen Kuchen damit belegen. Erst nach dem Erkalten aus der Form nehmen.

Versunkener Birnenkuchen

Dies ist ein wohlschmeckender Kuchen, mit dem man sich einen herbstlichen Tag versüßen kann.

Für eine Springform von 26 cm Durchmesser
Für den Kuchen: 1/2 unbehandelte Zitrone,
1 kg feste, aromatische Birnen, 3 Eier,
125 g Butter, 1 EL Cognac, 60–70 g Zucker,
2 EL Bourbon-Vanillezucker,
100 g Marzipanrohmasse, 60 g Dinkelmehl,
60 g Zwiebackbrösel (kein Paniermehl!),
1 1/2 TL Backpulver, 1/4 TL Zimt
Für die Glasur: 2 cl Aprikosenschnaps,
2 EL Aprikosenmarmelade
Außerdem: Butter und Semmelbrösel
für die Form

Für den Kuchen die Schale der 1/2 Zitrone abreiben und den Saft auspressen. Die Birnen schälen, halbieren, von Stielansatz und Kerngehäuse befreien und mit dem Zitronensaft beträufeln.
Die Eier trennen. In einer Schüssel Butter, Cognac, Zitronenschale, Zucker bis auf 2 Esslöffel und Vanillezucker zu einer cremigen Masse aufschlagen, erst zum Schluss die Eigelbe zugeben. Weiterschlagen, bis die Masse eine recht feste Konsistenz angenommen hat.
Das Marzipan über einem heißen Wasserbad weich werden lassen. Mit Dinkelmehl, Zwiebackbröseln und Backpulver gut unter die Masse rühren. Die Eiweiße zu Schnee schlagen und esslöffelweise unterheben.

Den Backofen auf 180 °C vorheizen. Die Springform gut ausbuttern und mit Semmelbröseln ausstreuen. Den Teig hineingeben und glatt streichen. Die Birnenhälften mit der Schnittfläche nach unten kreisförmig darauf legen. Den restlichen Zucker und den Zimt vermischen und darüber streuen. Im vorgeheizten Backofen etwa 1 Stunde backen. Herausnehmen.
Für die Glasur den Schnaps in einem Töpfchen so weit erhitzen, dass sich die Aprikosenmarmelade darin glatt rühren lässt (nicht kochen!). Diese Mischung noch warm mit einem Kuchenpinsel auf den heißen Kuchen streichen. Abkühlen lassen.

Vor dem Servieren mit Sahnerosetten betupfen und auf jeden Tupfer ein Schokoladenblättchen (Fertigprodukte) setzen.

Honig-Nuss-Kuchen

Für eine Kastenform von 30 cm Länge
Für den Teig: 150 g Honig, 100 g Butter,
100 g Zucker, 75 g Marzipanrohmasse, 2 Eier,
100 g ganze Mandeln, 100 g Walnusshälften,
je 50 g Rosinen und Korinthen,
je 40 g Orangeat und Zitronat,
1 TL abgeriebene unbehandelte Zitronenschale,
2 EL brauner Rum (54 Vol.-%), 250 g Mehl,
25 g Kakaopulver, 1 TL Backpulver,
1 TL Neunerleigewürz (Honigkuchengewürz)
Für die Glasur: 150 g Aprikosenkonfitüre,
50 g dunkle Kuvertüre, 50 g dunkle Kuchenglasur,
100 g kandierte Walnüsse
Außerdem: Butter und Grieß für die Form

Für den Teig Honig, Butter und Zucker in einem Topf erhitzen und rühren, bis sich alles vollständig aufgelöst hat. Abkühlen lassen. In eine Rührschüssel geben und erst flöckchenweise das Marzipan, dann die Eier

unterrühren. Mandeln, Nüsse, Rosinen, Korinthen, Orangeat, Zitronat und Zitronenschale mit dem Rum beträufeln und mit 100 Gramm Mehl gut vermischen. Das restliche Mehl mit Kakao, Backpulver und Neunerleigewürz vermengen. Ebenfalls in die Rührschüssel geben und gut durchkneten.
Den Backofen auf 175 °C vorheizen. Die Kastenform einfetten und mit Grieß ausstreuen. Den Teig hineingeben. Auf der untersten Schiene des vorgeheizten Backofens 60–70 Minuten backen. Herausnehmen und den Kuchen in der Form abkühlen lassen, stürzen.

Für die Glasur in einem Topf die Aprikosenkonfitüre mit 3 Esslöffeln Wasser verrühren, erhitzen und einige Minuten köcheln lassen. Mit dem Mixstab pürieren oder durch ein Sieb streichen. Den Kuchen mit der heißen Konfitüre bepinseln und erkalten lassen. Die Kuvertüre über einem heißen Wasserbad schmelzen lassen und den Kuchen damit überziehen. Danach mit der Kuchenglasur ebenso verfahren. Die kandierten Walnüsse grob zerhacken und dann auf die noch weiche Glasur streuen.

Mandelstollen mit Marzipan

Für den Teig: 1 kg Mehl, 60 g frische Hefe,
2 TL Salz, 1/4 l Milch,
200 g Marzipanrohmasse, 120 g Zucker,
350 g Butter, Mark von 1 Vanilleschote,
30 g Bittermandeln, 150 g gemahlene Mandeln,
150 g gehackte Mandeln, 2 Eier
Für die Füllung:
400 g Marzipanrohmasse, 2 Eiweiß
Außerdem: Butter und Mehl für das Blech,
150 g Butter zum Bestreichen,
200 g Mandelblättchen zum Bestreuen,
450 g Aprikosenmarmelade zum Bestreichen,
Puderzucker zum Bestäuben

Für den Teig das Mehl in eine Schüssel sieben und eine Mulde hineindrücken. Die Hefe in der lauwarmen Milch auflösen und mit dem Salz in die Mulde geben. Die Zutaten kräftig zu einem glatten Teig verkneten und an einem lauwarmen, zugfreien Ort zugedeckt etwa 30 Minuten gehen lassen.
Inzwischen das Marzipan mit Zucker, Butter und Vanillemark zu einer glatten Masse verkneten. Bittermandeln häuten und fein mahlen. Alle Mandeln und die Eier zum Marzipan geben und alles mit dem Hefeteig gut verkneten. Erneut 30 Minuten gehen lassen.
Den Backofen auf 175 °C vorheizen. Für die Füllung das Marzipan mit den Eiweißen zu einer streichfähigen Masse verrühren. Den Hefeteig halbieren, zu zwei dicken Rechtecken formen und bis auf einen 2 Zenti-

meter breiten Rand mit jeweils der Hälfte der Marzipanfüllung bestreichen. Den Teig zur typischen Stollenform umschlagen und die Ränder andrücken. Beide Stollen auf ein gebuttertes und bemehltes Backblech legen und zugedeckt nochmals 20 Minuten gehen lassen. Im vorgeheizten Backofen 1 Stunde backen. Herausnehmen.
Die Butter in einem Topf zerlassen und die heißen Stollen mehrfach damit bepinseln. Bevor die Butter vollständig eingezogen ist, die Mandelblättchen in einer beschichteten Pfanne ohne Fett hellbraun rösten.
Die Marmelade in einem Topf erwärmen. Die Stollen damit bepinseln und dick mit den Mandeln bestreuen. Zum Schluss leicht mit Puderzucker übersieben.

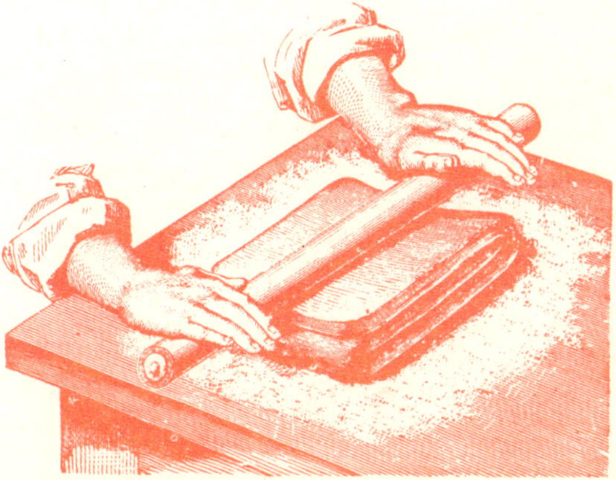

Marzipanstollen mit Kirschwasser

250 g Rosinen, je 50 g Zitronat und Orangeat,
50 g Belegkirschen, 3 EL Rum,
1 Würfel frische Hefe, 125 g Zucker,
150 ml Milch, 500 g Mehl, 2 Eigelb,
1 Ei, 300 g Butter, 1 TL abgeriebene unbehandelte
Zitronenschale, 1 Prise Salz, 1 EL Lebkuchengewürz,
1/2 Fläschchen Backaroma Buttervanille,
200 g gehackte Mandeln, 150 g Marzipanrohmasse,
3 EL Kirschwasser, 250 g Puderzucker,
Butter für das Blech

In einer Schüssel Rosinen, fein gewiegtes Zitronat und Orangeat sowie Belegkirschen mit Rum beträufeln, 2 Stunden ziehen lassen.
Inzwischen in einer Schale die Hefe in die lauwarme Milch bröckeln und mit dem Zucker darin auflösen. Das Mehl in eine Rührschüssel geben und mit der angerührten Hefe vermischen. Den restlichen Zucker, Eigelbe, Ei, 200 Gramm zerlassene und abgekühlte Butter, Zitronenschale, Salz, Lebkuchengewürz, Aroma, Mandeln und in Rum eingelegte Früchte darunter kneten und den Teig zugedeckt an einem warmen, zugfreien Ort 1 Stunde gehen lassen, danach muss er sich deutlich vergrößert haben.
Den Backofen auf 180 °C vorheizen. Marzipan und Kirschwasser mit der Hälfte des gesiebten Puderzuckers verkneten und daraus eine Rolle von 30 Zentimetern Länge formen. Den Teig rechteckig ausrollen, die Marzipanrolle in die Mitte legen und den Teig zur

typischen Stollenform umschlagen. Nochmals 20 Minuten auf einem gefetteten Backblech gehen lassen. Im vorgeheizten Backofen ca. 1 Stunde backen. Herausnehmen, leicht abkühlen lassen. Die restliche Butter zerlassen und den Stollen damit bestreichen. Mit dem übrigen Puderzucker bestäuben.

Schweizer Rüeblitorte

Für eine Springform von 26 cm Durchmesser
6 Eier, 300 g Zucker, 50 g Mehl,
300 g gemahlene Mandeln, 250 g geraspelte
rohe Möhren, abgeriebene Schale von
1 unbehandelten Zitrone, 2 cl Kirschwasser,
Butter für die Form, Puderzucker zum Bestäuben,
12 Marzipanmöhren (Fertigprodukt),
Schlagsahne nach Belieben

Den Backofen auf 180 °C vorheizen. Die Eier trennen. Eigelbe mit dem Zucker schaumig schlagen, dann Mehl, Mandeln, Möhren, Zitronenschale und Kirschwasser zugeben, alles gut vermischen und die zu Schnee geschlagenen Eiweiße unterheben. Die Springform ausbuttern und den Teig darin verstreichen. Im vorgeheizten Backofen ca. 1 Stunde backen. Herausnehmen und abkühlen lassen. Den Kuchen aus der Form lösen, mit Puderzucker bestäuben und mit den Marzipanmöhren garnieren. Nach Belieben Schlagsahne dazu reichen.

Marzipan-Nuss-Torte

Für eine Springform von 26 cm Durchmesser
Für den Boden: 5 Eier, 200 g Zucker,
1 TL Backpulver, 120 g Mehl, 80 g Kartoffelmehl
Für die Füllung: 600 ml Sahne,
3 Päckchen Sahnesteif, 2 Päckchen Vanillezucker,
150 g gemahlene Haselnüsse,
150 g Johannisbeergelee,
200 g Marzipanrohmasse, 2 EL Puderzucker,
1 TL Rum, 12 ganze Haselnüsse
Außerdem: Butter für die Form

Den Backofen auf 180 °C vorheizen. Für den Boden die Eier mit dem Zucker schaumig schlagen und die mit Backpulver vermischten Mehlsorten unterheben. Den Teig in die gefettete Springform geben und glatt streichen. Im vorgeheizten Backofen 40 Minuten backen. Herausnehmen und auskühlen lassen. Mit einem gespannten Faden zweimal quer durchteilen.
Für die Füllung Sahne mit Sahnesteif steif schlagen, mit Vanillezucker und gemahlenen Nüssen mischen und kühl stellen. Den ersten Boden auf eine Kuchenplatte legen und mit dem Gelee bestreichen. Das Marzipan mit Puderzucker und Rum verkneten und zwischen zwei Lagen Backpapier in der Größe des Bodens ausrollen. Mit dem Rand der Springform eine passende Platte ausschneiden und auf den mit Gelee bestrichenen Boden legen. 1/3 der Sahne-Nuss-Mischung darüber glatt streichen. Darauf den zweiten Boden legen und mit der Hälfte der restlichen Sahne bedecken. Den

dritten Boden obenauf legen. Die Torte mit der restlichen Sahne überziehen und nach Belieben mit Sahnetupfen und den ganzen Haselnüssen garnieren.

Butterkuchen mit Marzipan

Für den Teig: 500 g Mehl,
1 Päckchen Trockenhefe, 1/4 l lauwarme Milch,
100 g Zucker, 1 Prise Salz, 100 g Butter
Für den Belag: 200 g Marzipanrohmasse,
125 g Butter, 150 g Crème fraîche, 3 EL Zucker,
1 Päckchen Vanillezucker, 40 g Mandelblättchen
Außerdem: Butter für das Blech

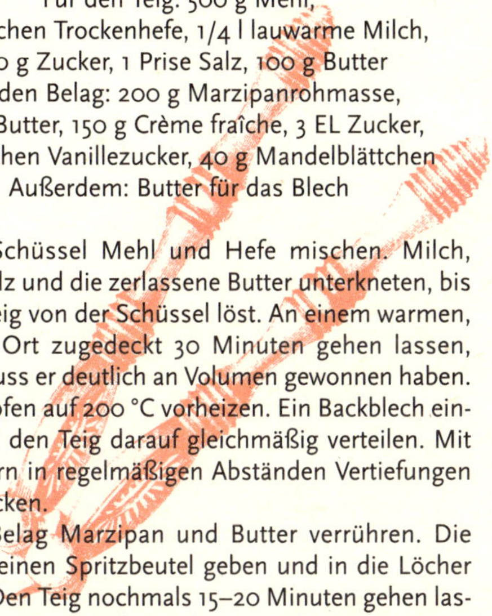

In einer Schüssel Mehl und Hefe mischen. Milch, Zucker, Salz und die zerlassene Butter unterkneten, bis sich der Teig von der Schüssel löst. An einem warmen, zugfreien Ort zugedeckt 30 Minuten gehen lassen, danach muss er deutlich an Volumen gewonnen haben. Den Backofen auf 200 °C vorheizen. Ein Backblech einfetten und den Teig darauf gleichmäßig verteilen. Mit den Fingern in regelmäßigen Abständen Vertiefungen hineindrücken.
Für den Belag Marzipan und Butter verrühren. Die Masse in einen Spritzbeutel geben und in die Löcher spritzen. Den Teig nochmals 15–20 Minuten gehen lassen. Die Crème fraîche in den Zwischenräumen verstreichen. Zucker und Vanillezucker vermischen und über den Teig streuen. Die Mandeln darüber geben. Im vorgeheizten Ofen 20 Minuten backen.

Im Herbst und im Winter: Marzipandesserts

Wenn es September wird, macht man es sich im Hause gemütlich und überlegt, welche Bekannten oder besten Freunde man einmal so richtig verwöhnen möchte. Dann darf es ruhig einmal ein wenig edler zugehen! Zu einem feinen Essen eignet sich nichts so gut wie eine Marzipanspezialität, sei es als Nachspeise oder als Gebäck zum Mokka bzw. Kaffee. Marzipan war schon immer ein besonderer Nachtisch. Im 18. und 19. Jahrhundert waren flache, in eine Form gepresste „Torten“ üblich, auf denen als Relief bauliche Sehenswürdigkeiten, insbesondere aus Lübeck, abgebildet waren. Die Firma Niederegger besitzt noch derartige Modeln aus dem 19. Jahrhundert und stellt sie gelegentlich aus. Theodor Storm verewigte eine dieser Lübecker Marzipantorten in seiner Novelle „Beim Vetter Christian“: Anlässlich eines Familienfestes gibt es ein opulentes Mahl, gekrönt von einem edlen Nachtisch: „Noch immer heiterer wurde es; und als beim Nachtisch der große Marzipan, worauf sich das Lübeck'sche Rathaus nebst dem ganzen Markt präsentierte, zuerst herumgereicht und dann von der Großtante zierlich zerlegt war, da befahl der Vetter, seine drei Flaschen noch vom Vater ererbten Johannisbergers aus ihrem staubigen Winkel heraufzuholen, was auf jung und alt den angenehmsten Eindruck nicht verfehlte.“

Marzipanmousse auf Brombeerspiegel

Für 4–6 Personen
Für die Mousse: 2 Blatt weiße Gelatine,
400 ml Sahne, 200 g Marzipanrohmasse,
2 Eigelb, 75 g Zucker, 2 cl Triple sec
Für den Brombeerspiegel: 750 g Brombeeren oder
600 g Brombeeren und 200 g Holunderbeeren,
150 g Zucker, Mark von 1 Vanilleschote,
1–2 EL Kartoffelmehl

Für die Mousse die Gelatine in kaltem Wasser einige Minuten einweichen. In der Zwischenzeit die Hälfte der Sahne in einem Topf erwärmen, das in Würfel geschnittene Marzipan zugeben und unter Rühren auflösen. Alles mit dem Schneebesen glatt rühren. Über einem heißen Wasserbad Eigelbe und Zucker gut schaumig-

cremig aufschlagen und die Masse zu der Marzipansahne geben. Dann die ausgedrückte Gelatine unterrühren, bis sich diese vollständig aufgelöst hat. Alles für einige Minuten in den Kühlschrank stellen. Währenddessen immer wieder den Zustand der Masse kontrollieren: Sobald sie fest zu werden beginnt, die restliche Sahne steif schlagen, mit Triple sec parfümieren und unterheben. Die Mischung in 4–6 kalt ausgespülte, sturzfähige Schüsselchen geben und zugedeckt mindestens 4 Stunden, am besten aber über Nacht in den Kühlschrank stellen.
Für den Brombeerspiegel die geputzten Beeren mit 100 Millilitern Wasser, Zucker und Vanillemark weich kochen und durch ein feines Sieb streichen. Die Fruchtmasse aufkochen (Vorsicht: Sie brennt leicht an!). Das Kartoffelmehl in wenig kaltem Wasser anrühren, dazugeben und kurz aufkochen. Das Brombeerpüree als Spiegel auf Suppenteller verteilen und auf Zimmertemperatur abkühlen lassen. Vor dem Servieren die Marzipanmousse mitten darauf stürzen.

Wenn Sie im Spätsommer und Herbst einen Rumtopf angesetzt haben, servieren Sie die Marzipanmousse mit einigen Löffeln davon, sobald er „reif“ ist, das heißt etwa 4 Wochen, nachdem die letzten Früchte hineingewandert sind. Der Rumtopf schmeckt, entgegen der Meinung altgedienter Hausfrauen, auch schon vor Weihnachten herrlich und ist dann in seiner Fruchtigkeit geradezu unübertrefflich! In dieser Kombination ist die Mousse mein Lieblings-Marzipandessert.

Marzipanparfait mit Himbeeren

Für 8 Personen
2 Eier, 3 Eigelb, 150 g Zucker,
200 g Marzipanrohmasse,
2 Tropfen Rosenwasser, 400 ml Sahne,
400 g TK-Himbeeren, 1 EL Himbeergeist,
1 EL Puderzucker, 8 frische Minzeblättchen

Am Vortag Eier und Eigelbe mit dem Zucker über einem heißen Wasserbad schlagen, bis die Masse schaumig ist und sich etwa auf das doppelte Volumen vergrößert hat. Das Marzipan in kleine Stücke schneiden und unter die Eiercreme rühren, bis es sich aufgelöst hat. Dann das Rosenwasser zufügen. Die Creme vom Wasserbad nehmen und kalt rühen. Die Sahne sehr steif schlagen und unterheben. Die Masse in das Tiefkühlgerät stellen.
Am nächsten Tag die Himbeeren mit dem Himbeergeist übergießen, mit dem Puderzucker bestreuen und auftauen lassen, auf 8 Glasschälchen verteilen. Das Parfait stürzen, in 8 Stücke zerteilen und jeweils ein Stück auf die vorbereiteten Himbeeren geben. Mit einem frischen Minzeblatt garnieren. Die Parfaits mit einem Hauch von Puderzucker, den man durch ein Teesieb siebt, überstäuben.

Bratäpfel mit Marzipanfüllung

Bratäpfel sind eine süße Leckerei, die besonders gut schmeckt, wenn es draußen Stein und Bein friert und sie mit Marzipan und in Rum getränkten Rosinen gefüllt sind. Sollten Kinder mit von der Partie sein, verzichtet man natürlich auf den Rum!

4 große mürbe Äpfel (z.B. Boskoop),
20 g Butter, 1 gestr. TL Zucker,
etwas ausgekratztes Vanillemark
oder 1 Päckchen Bourbon-Vanillezucker,
2 TL Rum, 1 EL gut gewaschene Rosinen
oder 1 EL gehackte Pistazien,
2 EL Marzipanrohmasse
Außerdem: etwas weiche Butter zum Bestreichen,
Zucker und Zimt zum Bestreuen, 1/4 l Sahne

Den Backofen auf 200 °C vorheizen. Die Äpfel mit dem Apfelausstecher vom Kerngehäuse samt Blüte und Stängel befreien. Für die Füllung die Butter mit Zucker und Vanillemark oder -zucker schaumig rühren. Den Rum, die gut abgetrockneten Rosinen bzw. die gehackten Pistazien und das Marzipan untermengen. Die Masse in die Äpfel füllen. Diese nebeneinander auf ein ausreichend großes Stück Alufolie setzen, mit etwas Butter bestreichen und mit Zucker und Zimt bestreuen. Die Folie verschließen und auf dem Rost in die Mitte des vorgeheizten Backofens schieben. Die Äpfel etwa 25–30 Minuten backen. Die Sahne steif schlagen und dazu servieren.

Marzipaneis mit Pfirsichgratin

Für das Gratin: 4 reife Pfirsiche gleicher Größe,
100 g Zucker, 1 Vanilleschote, 2 Eigelb, 1 Ei,
50 g Magerquark, Saft von 1 Orange und 1 Limette
(ersatzweise 1 Zitrone), 2 cl Amaretto
Für das Marzipaneis: 40 g Marzipanrohmasse,
80 ml Milch, 80 ml Sahne, 4 Eigelb,
2 cl Maraschino, 20 g Zucker
Außerdem: 1 TL Butter, 10 g Mandelblättchen,
20 g geriebene frische Brösel von Löffelbiskuits

Für das Gratin die Früchte mit 2 Esslöffeln Zucker und der Vanilleschote in 100 Millilitern Wasser sanft garen. In der Flüssigkeit erkalten lassen. Herausnehmen, mit Küchenpapier trockentupfen und häuten. Die Pfirsiche in Viertel schneiden, entsteinen und in mundgerechte Stücke zerteilen. Eigelbe, Ei, Quark, restlichen Zucker, Zitrussäfte und Amaretto über einem heißen Wasserbad zu einer lockeren Creme aufschlagen, kalt stellen. Für das Marzipaneis das zerpflückte Marzipan in heißer Milch auflösen, die Sahne hinzufügen und aufkochen. Vom Herd nehmen und auf ein heißes Wasserbad setzen. Eigelbe, Maraschino und Zucker dazugeben und weiterschlagen, bis eine lockere Creme entstanden ist. Abkühlen und in der Eismaschine gefrieren lassen. Inzwischen die Butter in einem Pfännchen zerlassen und die Mandelblättchen darin hell anrösten. Das Eis vor dem Anrichten leicht antauen lassen, damit es mit einem Löffel formbar ist. Die Pfirsichstücke auf 4 Teller verteilen, mit der Creme bedecken, mit Biskuitbröseln bestreuen und unter dem Grill goldbraun überbacken. In die Mitte jedes Gratins jeweils eine Kugel Marzipaneis setzen und alles mit den gebräunten Mandelblättchen bestreuen.

- Sie können für das Dessert auch Pfirsiche aus der Dose verwenden. Diese nur gut abtropfen lassen!

Überbackenes Apfelmus mit Marzipan

Für 6 Personen
250 g Marzipanrohmasse, 1 Glas Apfelmus oder Apfelkompott, abgeriebene Schale von 1/2 unbehandelten Zitrone, 4 Eiweiß, 2 EL Zucker, Butter für die Form

Das Marzipan über einem heißen Wasserbad weich werden lassen und mit dem Apfelmus und der Zitronenschale zu einer glatten Masse verrühren.
Den Backofen auf 175 °C vorheizen. Die Eiweiße mit dem Zucker zu steifem Schnee schlagen. Eine Auflaufform ausbuttern. Die Apfel-Marzipan-Masse einfüllen und den Eischnee darauf verstreichen. Das Dessert im vorgeheizten Backofen in etwa 15 Minuten goldgelb überbacken.

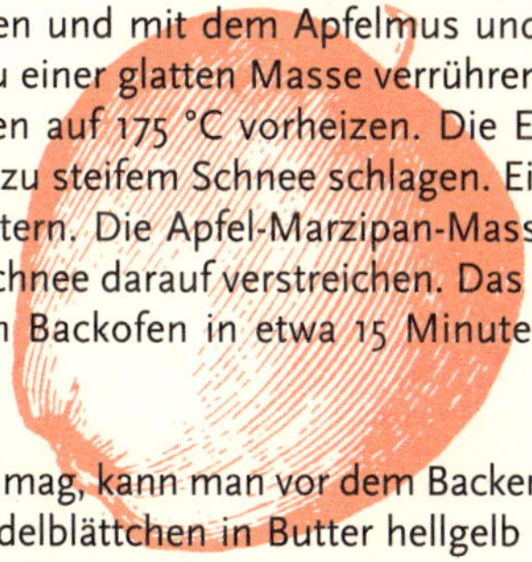

- So man mag, kann man vor dem Backen noch einige Mandelblättchen in Butter hellgelb rösten und über das Dessert streuen.
- Wer möchte, kann dazu Vanillesauce servieren.

Apfelstrudel mit Marzipan

Ein lauwarmer Apfelstrudel mit Vanillesauce eignet sich wunderbar als Nachtisch, was besonders in Bayern und Österreich allgemein bekannt ist! Doch auch in nördlichen Gefilden sollte man sich dieses „Schmankerl" gelegentlich gönnen! Ein knuspriger, hauchdünner Teig umhüllt eine Schicht Marzipan und darin die säuerlichen Apfelstückchen. Die Milch macht den feinen Strudel besonders saftig.

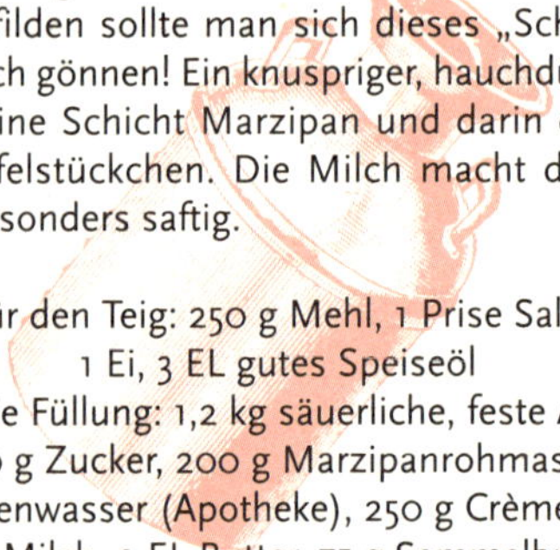

Für den Teig: 250 g Mehl, 1 Prise Salz,
1 Ei, 3 EL gutes Speiseöl
Für die Füllung: 1,2 kg säuerliche, feste Äpfel,
100 g Zucker, 200 g Marzipanrohmasse,
2 TL Rosenwasser (Apotheke), 250 g Crème double,
3 EL Milch, 2 EL Butter, 75 g Semmelbrösel
Außerdem: Mehl zum Bearbeiten,
Fett für die Form, 1 l Milch, 2 EL Zucker

Für den Teig das Mehl mit dem Salz in einer großen Schüssel mischen. Eine Mulde hineindrücken, Ei und Öl hineingeben. Den Teig gründlich verkneten, hierbei langsam 1/8 Liter lauwarmes Wasser dazugießen. Der Teig muss weich und geschmeidig werden, so dass er sich gut kneten lässt. Den Teig auf einem bemehlten Arbeitsbrett so lange kneten, bis er elastisch ist. Zu einer Kugel formen und diese unter einer heiß ausgespülten Schüssel etwa 30 Minuten ruhen lassen.
Inzwischen für die Füllung die Äpfel schälen, vom Kerngehäuse befreien und in feine Scheibchen schneiden.

Diese mit Zucker bestreuen und 30 Minuten ziehen lassen. Anschließend den ausgetretenen Saft abgießen. Das Marzipan mit Rosenwasser, 5 gestrichenen Esslöffeln Crème double und der Milch cremig rühren. Die Butter in einer Pfanne erhitzen und die Semmelbrösel darin leicht rösten.
Den Backofen auf 200 °C vorheizen. Einen großen Bräter gut einfetten. Nach dem Ruhen den Teig auf ein sauberes bemehltes Geschirrtuch legen und von der Mitte her ausrollen. Vorsichtig mit den Händen hauchdünn auf die Größe des Geschirrtuches ausziehen. Hierbei Löcher vermeiden, diese notfalls flicken. Mit der Marzipanmischung bestreichen und mit den gerösteteten Semmelbröseln bestreuen. Die abgetropften Apfelstückchen von der Längsseite her auf 2/3 des Teiges verteilen, dabei links und rechts einen Rand von 5 Zentimetern lassen. Die Schmalseiten einschlagen. Mit Hilfe des Tuches den Teig von der belegten Längsseite her aufrollen und in U-Form in den Bräter legen. Die restliche Crème double mit Milch und Zucker verschlagen und 1/3 davon über den Strudel gießen.
Den offenen Bräter in den Ofen schieben und den Strudel 45 Minuten backen, währenddessen die restliche Sahnemilch nach und nach zugießen – darauf achten, dass sie gegen Ende der Garzeit vom Teig vollständig aufgesogen ist. Ist der Strudel braun und kross, diesen noch warm servieren.

Dazu eine kalte oder warme Vanillesauce reichen.

Fliederbeersuppe mit Marzipanklößchen

Wenn diese heiße, dunkle Suppe duftend auf dem Tische steht, werden bei mir Kindheitserinnerungen wach. Ich denke dann an das herbstliche Pflücken der Fliederbeeren (Holunderbeeren). Wie reich fühlten wir uns, wenn sich Eimer und Körbe überraschend schnell füllten. Doch vor der Gewinnung des köstlichen Safts stand das langweilige Abstrippen der einzelnen Beeren von den Dolden. Dann wurde die Beerenernte vorsichtig gewaschen und mit Wasser sowie Zucker in einem mächtigen Topf aufgekocht. Man stellte einen alten Küchenhocker umgekehrt auf einen hölzernen Stuhl und band an den Beinenden jeweils den Zipfel einer großen Mullwindel fest. In dieses Stoffsieb füllte man dann mit einer Kelle die heiße Masse und fing sie in einer großen Schüssel über Nacht auf. Am nächsten Morgen wurde der Saft dann weiterverarbeitet – z. B. zur Fliederbeersuppe.

Für die Suppe: 2 l Holundersaft,
selbst gemacht oder aus dem Reformhaus,
Zimt- und Nelkenpulver nach Geschmack,
abgeriebene Schale und etwas Saft von
1 unbehandelten Zitrone, Vanillezucker,
Zucker nach Belieben, 1–2 EL Kartoffelmehl,
1 mürber Apfel (z. B. Boskoop)
Für die Klößchen: 50 g Marzipanrohmasse,
50 g Butter, 2 Eier, 1 EL Zucker, geriebener Zwieback
nach Bedarf (kein Paniermehl!)

Für die Suppe den Holundersaft je nach Geschmack mit etwas Wasser verdünnen. Den Saft erhitzen, nach Belieben Zimt- und Nelkenpulver, Vanillezucker, geriebene Zitronenschale und -saft zugeben und eventuell mit etwas Zucker abschmecken. Das Kartoffelmehl in ein wenig kaltem Wasser anrühren und unter Rühren zu der kochenden Suppe geben; sie sollte nur leicht sämig sein. Den Apfel schälen, vom Kerngehäuse befreien, in Schnitze schneiden, hinzufügen und alles bei geringer Hitze wenige Minuten köcheln lassen.
Inzwischen für die Klößchen das Marzipan über einem heißen Wasserbad weich werden lassen. Die Butter in einer Schüssel schaumig rühren und mit Marzipan, Eiern, Zucker und geriebenem Zwieback zu einem festen Klößchenteig verarbeiten, bei Bedarf noch etwas Zwieback zufügen.
In einem Topf Wasser zum Kochen bringen. Mit einem Teelöffel kleine Nocken von der Marzipanmasse abstechen, dabei zuvor jedes Mal den Löffel in heißes Wasser tauchen. Immer nur wenige Klößchen gleichzeitig in das kochende Wasser setzen und die Hitze reduzieren, so dass sie nur sieden. Die Klößchen sind gar, wenn sie nach oben steigen. Mit der Schaumkelle herausheben und auf einem Sieb abtropfen lassen. Sind alle fertig, die Suppe in eine Terrine füllen und die Klößchen auf die Oberfläche setzen.

Verzeichnis der Rezepte

Für kleine und große Naschkatzen: Marzipankonfekt

Wenn es Weihnachten wird: Kleines Marzipanbackwerk

It's tea-time: Feines Gebäck mit Marzipan

Immer edel: Kuchen und Torten mit Marzipan

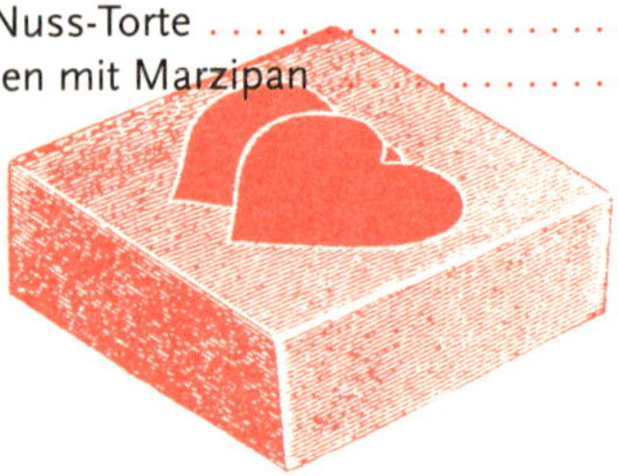

Im Herbst und im Winter: Marzipandesserts

Bestelladressen für Marzipan:

J. G. Niederegger GmbH & Co.
Marzipanfabrik:
Zeißstr. 3, 23560 Lübeck
Verkauf und Café:
Breite Str. 89, 23552 Lübeck
(über 300 Marzipanspezialitäten)
Bestell-Service Tel. 0451/5301–126 o. 127

Marzipanrohmasse und -spezialitäten:
Die Marzipan- und Nougateria
Frank Kleynemeyer
Lauterstr. 33
12159 Berlin
Tel. 030/85962640
www.nougateria.de

Marzipanrohmasse:
Firma Rexim
Wittenberger Weg 9
24941 Flensburg
Tel. 0461/5802-0

Bethmännchen:
Café Laumer
Bockenheimer Landstr. 67
60325 Frankfurt/Main
Tel. 069/727192